新技術で決済が変わる！

図解 カードビジネスのしくみ

本田 元
Honda Hajime ［著］

中央経済社

本書に記載されている内容は執筆時点のものであり，永続的な状況を示すものではありません。各法規や施行規則，自主規制などは状況に応じて変化しますので，その都度ご確認をお願いします。本書を基になんらかの意思決定をされる場合は，それぞれの顧問弁護士，会計士などエキスパートの助言をあおいでください。

また，本文中に記載されている会社名，製品名は，各社の登録商標または商標であり敬称は略させていただきました。

なお，当然のことですが，本書は著者が現在または過去に属する組織の見解ではなく，個人の見解を述べるものです。著者およびTIS株式会社は本書記載の内容によって引き起こされるすべての事象についてなんら責任を負うものではありません。

● 改訂新版発刊にあたって ●

2017年にかけて，クレジットカードをはじめとする決済業界は大変動期を迎えることになります。

現状のままでは，世界中で進展するICカード化の波からわが国は遅れることになり，世界の先進国のなかで唯一のICカード「非対応」国家となってしまいます。

そのわが国を狙い，大量のカード犯罪者が偽造カードとともに流れ込んでくるでしょう。

一方，「マイナンバー」制度や統一信用法典の成立で，マネーロンダリングや金融犯罪への対応がより強化されると同時に，信用偏差値社会が到来するのかもしれません。

本書は，2010年に刊行した『改正法でこう変わる！　図解カードビジネスのしくみ』の内容を新しくし，さらに近年誕生した新技術についての解説も加えて改題し，最新版として上梓するものです。

2010年の旧版刊行時，登場間もない「Square」を日本に紹介した筆者と編集者は，その数年後にわが国で広がるスマホ加盟店ビジネスモデルを目の当たりにしました。

2013年の３月１日には米国で「電子決済法（Electronic Payment Law）」が完全施行され，社会福祉の100%電子決済化により，向こう10年で10億ドルの行政コストが削減されることになります。この動きはわが国にも波及するでしょう。

「Square」を見るまでもなく，米国からの金融スキームや法制が数年遅れで上陸する日本。大変動期を目前にして，筆者と編集者は上述のとおり急遽『図解カードビジネスのしくみ』の改訂新版の発行を思い立ちました。

いうまでもなく「カード」はシステムへのアクセスキーであり，社会はコンピューターシステムによって支えられています。指紋認証など生体認証が普及するまでの間，カードは生活者とシステムをつなぐインターフェイスメディアとして重要な役割を担います。

本書は，カードビジネスにかかわるすべてのビジネスマンと生活者に，カードに関する幅広い知識を提供することを目的に執筆されています。

第Ⅰ部は法を中心とする社会システムの最新情報を幅広く記載。

第Ⅱ部はカードのビジネスモデルなど決済を中心にポイントプログラムなど，多様化するカード機能を整理。

第Ⅲ部はカードに関する技術的な側面を，将来を見据えて記述しています。

そして，新たにスマートフォンとO2Oなど，最新技術がカードビジネスに与える影響について述べています。

すべてを読めば，「カード」にかかわる幅広い分野の，総合的な最新の知識が得られるでしょう。また，１項目ごとに見開きで収め文章と図解を用い平明に記載しましたので，必要な箇所だけお読みいただいてもいいでしょう。

筆者は，流通業で販売員からマーケティング部門に移り，顧客情報管理のシステム開発，新規事業としてダイレクトマーケティングと自社クレジットカード事業の立ち上げを行い，加盟店業務も経験しました。その後，大手カードサプライヤーでカードビジネスの企画やICカードシステムの開発を行ったのち，決済カードの基幹システムに携わってきました。

つまり，特定分野での専門家ではなく，現場でカードビジネスの企画と開発，そして実務を30年間歩んできただけに過ぎません。

したがって，本書は各分野の専門家である諸先生方の著作には遠く及びませんが，幅広い分野にわたり平明に解説しています。

本書が，カードビジネスにかかわるすべての人々の一助となれば幸甚です。

2013年７月

本田　元

目　次

第Ⅱ部　カードのビジネスモデル

第Ⅲ部　カードの新技術とスマートフォン

コラム

第Ⅰ部

カードビジネスをめぐる法の激変

✦

第Ⅰ部では，カードにかかわる法律の概略や最近の傾向とそのポイント，そして「名寄せ」の重要性について解説します。

✦

A 海外の動きが国内法に影響を与える

ボーダレスな経済社会，カードは決済ツールとして，海外とも密接なかかわりがあります。

▶海外の動き

海外の動きでは，カードの不正利用対策であるICカード“EMV”化の動きでしょう。EMVとはEuropay，MasterCard International，Visa Internationalの３社（当時）の頭文字であり，ICカードと読み取り機の統一仕様です。IC決済カードと端末の取引実行手順を定めた統一規格であり，実質上の国際決済標準規格です。

欧州ではICカードの普及が進んでいますが，米国でもようやく2015年から急速にICカード化が進みます。わが国では2017年とされていますが，主要先進国としてもっとも後発となるため，世界中からカード犯罪者が大挙して偽造カードを持ち込むおそれがあります。

しかし，欧州では，EU全域をあげてIC化をすすめてきましたが，ここにきて新たな問題がでてきています。それは，ネット決済など，非対面取引の拡大です。ICカードは対面取引の偽造防止策ですが，ネットでの非対面の不正使用には対応できないからです。

また，ネット決済本来の安全性担保も重要な課題です。決済カードのセキュリティ基準であるPCI DSS（Payment Card Industry Data Security Standard）の法制化も含め，総合的な不正対策が求められています。

IC関係では，非接触IC決済の進展が顕著です。世界的に非接触IC決済が普及段階を迎えており，今後，少額決済手段として貨幣に代替する可能性を持っています。

▶国内の動き

貸金業法や割賦販売法など，規制強化の動きは2010年に一段落を迎えました。これからの消費者保護は，一回払いや除外品目を悪用した悪徳商法の潜脱対策

国内外のカード関連法整備

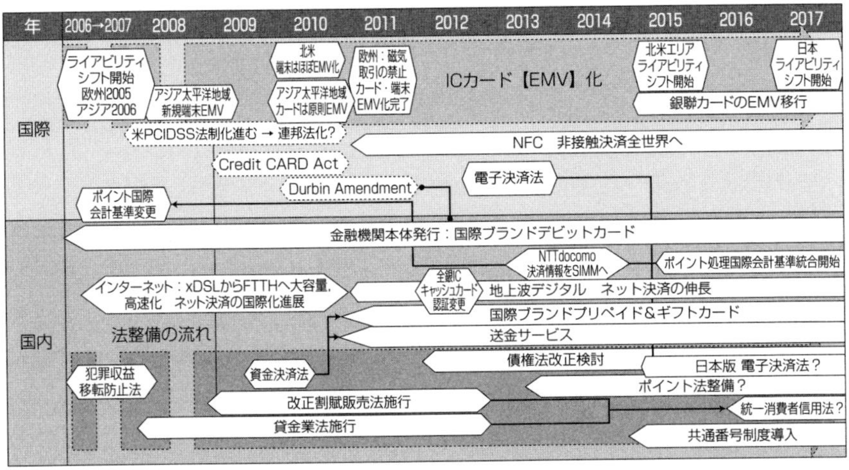

などもありますが，現在は非対面取引，つまりネット決済時の不正利用対策にシフトしています。したがって，カード情報の保護がより強化されるでしょう。

一方，資金決済法施行により，国際ブランドプリペイドや送金業務が，クレジットカード会社にとって，大きなビジネスチャンスとなっており，異業種も含め参入が続いています。

クレジットに関しては，「共通番号（マイナンバー）制度」の法整備が名寄せを実現することになり，審査に大きな影響を与えるでしょう。

また，ポイントプログラムがIFRS（国際会計基準＝International Financial Reporting Standards）への統合から大きな影響を受ける可能性があります。

用語解説

非接触IC…離れた状態で，情報の読み書きを行う電子媒体。鉄道乗車券のSuicaや電子マネーの楽天Edyなど。

共通番号制度…国民１人１人に，統一した番号を付して，すべての省庁を横断して各方面で活用し，行政のIT化を推進しようとする制度。国民総背番号制とも言われた。

B 法整備はどのように進行するか？

わが国の立法は，大きく「内閣発議立法（閣法）」と「議員立法」に分けられます。閣法の立案過程では，各省庁が社会背景を多角的に調査し，膨大なデータによって裏づけられた素案を内閣法制局が「法律案」としてまとめ上げます。

それに対し議員立法は，議員が熱心に特定の問題に取り組み，新しい価値観に基づいて，時事および世論の要求に対しまとめ上げたものです。たとえば，性同一性障害法，臓器移植法，児童虐待防止等法，無限連鎖講防止法などがあり，貸金業法も議員立法です。

▶法と令

法律は，審議会等の諮問を受けて，国会で議論を重ね成立します。

そして，法を補完し細部について取り決めたものが，内閣府令，政令，省令そして規則などの「(命）令」です。ただし，公的な機関が規則あるいは命令などを制定しようとするときに，広く公に意見，情報，改善案などを求めることが行政手続法で定められており，これをパブリックコメント（Public Comment：意見公募手続）といいます。

法と令を分けている理由は，法律の改正には，国会の承認が必要です。したがって，どうしても時間がかかるため，機動的に世の中の情勢に合わせて法を補完していくのが令です。

通達には，法令の解釈，運用，取扱基準や行政執行の方針など，さまざまなものがあります。ただし，通達が法令の解釈を内容とする場合は，行政機関がこれに沿って事務を行うことで，事実上の強制力が生じます。

また，法に基づき認定された組織が法令の範囲内で，より実務的な自主規制を作成する場合があります。クレジットカードの場合は社団法人日本クレジット協会がその役割を担います。

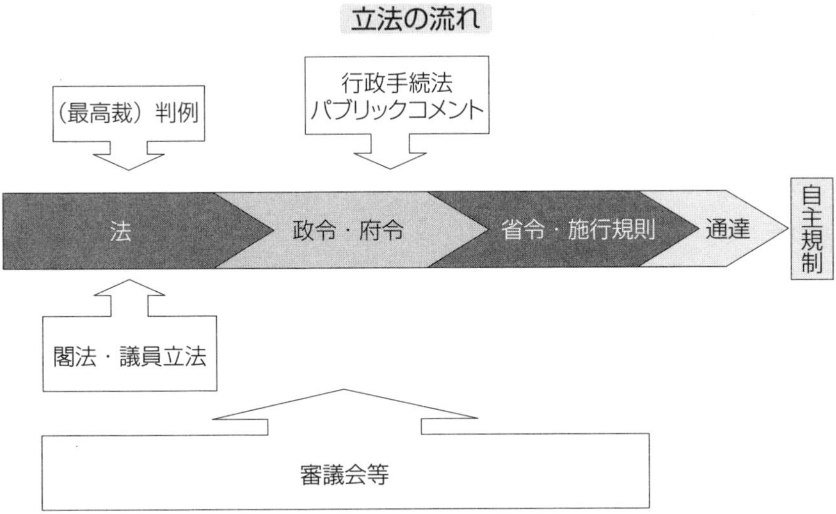

訴訟において判例がでたときには，上級審の最新判例が優先され，法と同様の拘束力を持つという見方もあります。

コラム

利息と宗教

利息に関する最も古い記述はハンムラビ法典にあります。主に商取引などの慣習を成文化しています。

旧約聖書では，利息を取ることを戒めています。ただし，異教徒からは取ってもよいとの記載があります(申命記23)。ユダヤの民は国を追われ，異教徒の地では土地の所有が禁じられました。したがって不動産を必要としない「金融」を生業としたのでしょう。

新約聖書のマタイ伝やルカ伝には，キリストが銀行と利息について述べるくだりがあります。

そして，コーランも「金利」を取ることを禁じています。

ユダヤもカソリックもイスラムも「一神教」であり，神の領域として人間が立ち入ることができないことを定めています。「生」と「死」がその代表ですが，「時間」も神の領域とされます。利息は時間が生み出します。

C 資金決済法が追い風になる

▶カードビジネスへの逆風

カードビジネスは，さまざまな法のもとに運用されています。2010年までは社会問題を背景とした貸金業法，割賦販売法の改正や，その段階的施行が市場に大きな影響を与えてきました。

今後は，ポイント会計処理ガイダンス，そして，国際財務報告解釈指針委員会による解釈指針書第13号「カスタマー・ロイヤルティ・プログラム」（＝IFRIC 13 Customer Loyalty Programmes）との統合がカードビジネスに影響を与えるでしょう。景品表示法との兼ね合いもありますが，法整備の大きな流れの１つに「消費者保護」の視点があり，あいまいなポイントの価値について明確な指針が示されるでしょう。

なぜなら，ポイントは企業から見たときには販売促進手段，つまり「オマケ」にしか過ぎませんが，消費者は「資産」ととらえているからです。

また，進むネット決済は，確実に不正使用の拡大につながります。カード情報の保護はより重要となり，ICカード化とあいまって今後大きな動きとなることが予想されます。

▶カードビジネスへの順風

電波法の段階的改正により，非接触IC決済が現実となりました。

今後は加盟店へのスマートフォン決済端末やブルートゥース（Bluetooth），無線LAN端末やPLC（Power Line Communications：電力線データ通信）などで加盟店のカード端末設置が自由化されるなどの影響がでてきます。

そして，クレジットカード業界や通信業界にとって，最も大きなビジネスチャンスは「資金決済法」の成立です。

この法律は，大きくはサーバー型プリペイドカードへの対応など旧プリカ法の更新と，従来，銀行にしか認められていなかった為替業務を，少額（100万円以下）に限り認めるというものです。国際ブランド（Visa，MasterCard

カードをめぐる法律

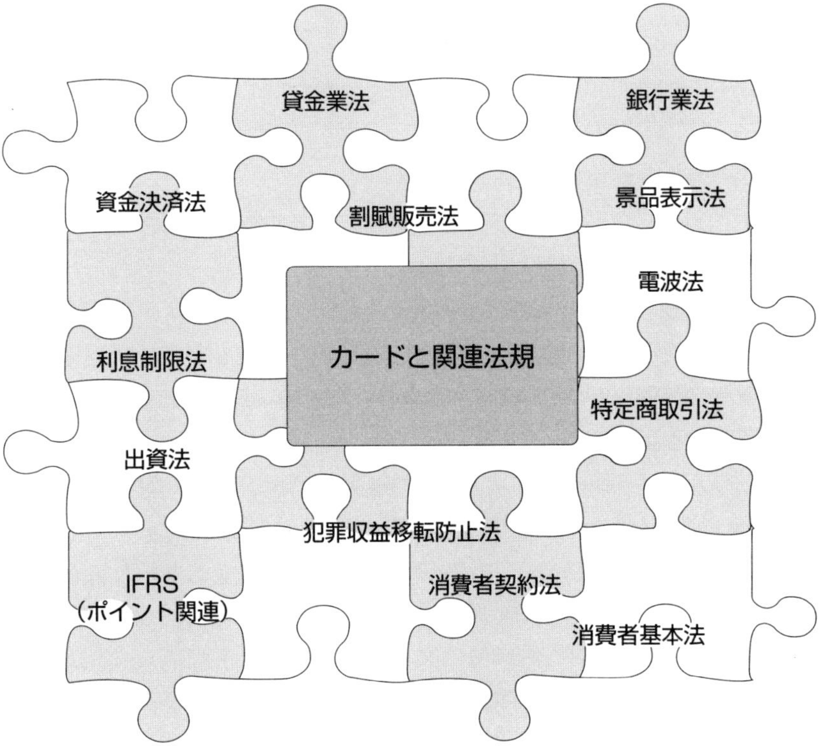

など）デビットカードはサーバー型プリペイドの一種であり，海外ATMで外貨を出金すれば外国為替機能をあわせもつことになります。

クレジットカード会社の場合，金融カードに欠かせない本人確認や，国際ブランドプリペイドカードの発行は，既存インフラが活かせるビジネス領域です。

D 米国から電子決済法がやってくる

▶現金配布かクーポン券（食料切符）か

わが国のカードビジネスに大きな影響を与えるのが，米国の「電子決済法(Electronic Payment Law)」でしょう。

これは，各種年金や社会保障など行政からの交付金を，すべてプリペイドカードなどの電子決済に移行する法律です。カード化により10年間で10億ドルのコスト削減が見込まれています。つまり，行政コスト削減のためにカード化を法律で強制したことになります。

このプリペイドカードは，VisaやMastercardなどのGPR（General Purpose Reloadable）国際ブランドプリペイドカードです。

わが国でも「こども手当」「生活保護」などで，現金を直接配布する姿が報道されますが，BIS（Bank for International Settlements＝国際決済銀行）によれば，＄100の取引におけるコストは，窓口現金＄2.14，小切手＄1.08，ATM＄0.54といわれており，現金配布は非常にコストがかかる方法といえます。

ちなみに，わが国の「地域振興券」は7,000億円の配布に要したコストが1,000億円ともいわれています。

しかし，「電子決済法」で選択される国際ブランドプリペイドカードによるショッピングコストは＄0.12にしかなりません。

金融機関への振込みもありますが，わが国で預金者が買物のために他行のATMから出金したとき，銀行の持ち出し分は105円／１件。

自行のATM運用コストは25～100円／１件といわれています。また公共料金の振替コストも25～100円／１件です。

それに対し，国際ブランドプリペイドカードを小売店で利用した場合には，

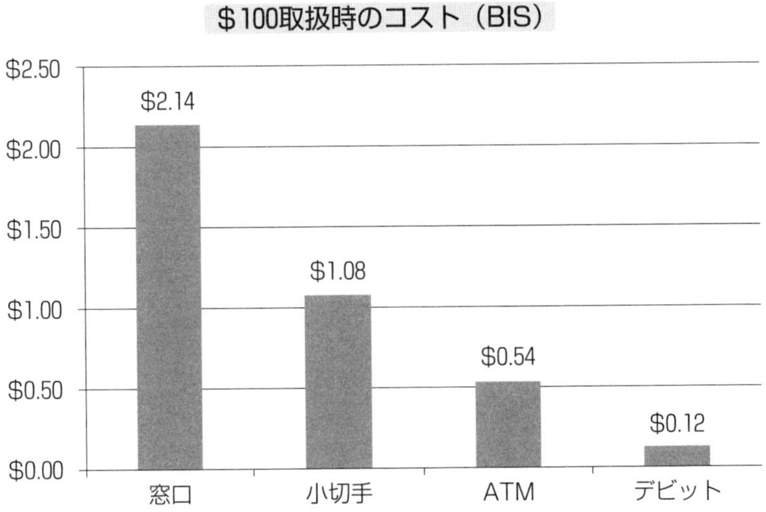

コストが削減されるだけではなく，１日の利用額を制限したり，購入できる店舗や商品を食料品や子供関連の出費などに限定したりできることが特徴です。

筆者は，米国がフードクーポンのカード化に際し，商社とともにその企画に参加したことがあります。

その際，現地の担当者から聞いた現金配布からフードクーポン，そしてカードへの移行理由は，単にコストだけではなく，現金の配布がタバコや酒の購入ばかりではなく，麻薬や銃器などの犯罪を誘発するからです。

税と社会保障の一体改革により，各種の補助金配布が実施されますが，現金配布や口座振込みではなく，コスト削減と補助金の用途も管理できる国際ブランドプリペイドカード化が最良の選択です。

生活保護の配布日は「闇金」の集金日であったり，生活保護が貧困ビジネス，酒やタバコの購入やギャンブルに使用されるのは「現金」だからです。

A マネー・ローンダリング

▶犯罪収益移転防止法（犯防法）

警察庁のホームページによると，マネー・ローンダリング（Money Laundering：資金洗浄）とは，違法な行為による収益の出所を隠すことです。

たとえば，麻薬密売人が麻薬密売代金を，偽名で開設した銀行口座に隠匿する行為，詐欺や横領の犯人が騙し取ったお金を，いくつもの口座に転々と移動させて出所をわからなくするような行為が典型とされています。

このような行為を放置すると，犯罪収益が将来の犯罪活動に再び使われたり，犯罪組織がその資金をもとに合法的な経済活動に介入し支配力を及ぼすおそれがあることから，マネー・ローンダリングの防止は犯罪対策上の重要な課題になっています。

▶決済カード発行には本人確認が必須

犯防法は従来，金融庁管轄の「本人確認法」であったものが，金融犯罪の国際化や流動化，テロ資金の移動に対応するために警察庁へ移管され，より強化されています。それに伴い，従来は金融機関が対象だった本人確認も，クレジットカード事業者などに拡大されています。

金融ビジネスやそのアクセスツールとしての決済カードは，発行の際に「本人確認」を厳正に行うことが法律で定められています。

▶金融ビジネスは装置産業

融資，送金，換金，入金，出金などあらゆる金融ビジネスは「装置産業」といわれています。なぜなら，「現金」と「伝票」の取扱いは膨大な事務作業，つまり「キャッシュハンドリング」コストにつながるため，金銭的価値はいったん電子データに置きかえられ，コンピューターと通信ネットワークによって処理されるからです。

犯罪収益移転防止が重要課題

一般消費者が，なんらかの経済行為を行う場合，少額であれば現金で事足ります。しかし，金額が膨大になるにつれ，現金の物理的な量が大きな問題となるため，コンピューターと通信ネットワークにアクセスし電子データとして処理する必要が出てきます。

B 電子決済の時代はカードの時代

韓国では，最終消費支出の半分以上がクレジットカードといわれています。韓国の通貨であるウォンの高額紙幣は，2009年までは５万ウォン札しかなく，2013年１月の執筆時点の為替レートでは4,500円程度です。つまり，高額決済には多くの紙幣が必要になるため，その取扱いに手間がかかるので，クレジットカードの利便性が必要とされているからです。

また，アイスランドではクレジットカードやデビットカードなど電子決済は９割以上といわれています。これは1980年代，インフレに伴う通貨供給量の不足から，小切手決済が増加し，カード決済へと移行したことが理由です。また，紙幣の偽造贋造対策に膨大なコストが必要となるため，電子決済を積極的に推進した結果ともいわれています。

また，紙幣の偽造贋造と事務処理は深刻な問題となりつつあり，長年海外旅行で使用されてきたトラベラーズチェックさえもその取扱いは縮小しつつあり，カード決済へとシフトしつつあります。

▶カードはシステムへのアクセスキー

現在，決済や金融分野では非常に多種類のカードが発行されています。しかし，カードが単体でオフライン処理されることは少なく，必ずなんらかのシステムにアクセスすることで，特定の目的を達成しています。

従来，単独で利用されていた本人確認書類である，運転免許証やパスポートなども非接触のICチップを搭載しはじめています。

経済活動を合理化し，利便性を提供するのがカードシステムですが，同時に犯罪収益の移転を防ぐために，「本人確認」が必須となっています。

カードビジネスに本人確認は必須です。

本人確認が必要な事業者（金融庁ホームページから）

本人確認が必要な事業者

金融機関等、ファイナンスリース事業者、クレジットカード事業者、宅地建物取引業者、宝石・貴金属等取扱事業者、郵便物受取サービス業者、電話受付代行業者、司法書士、行政書士、公認会計士、税理士、弁護士

振込みの取扱い（金融庁ホームページから）

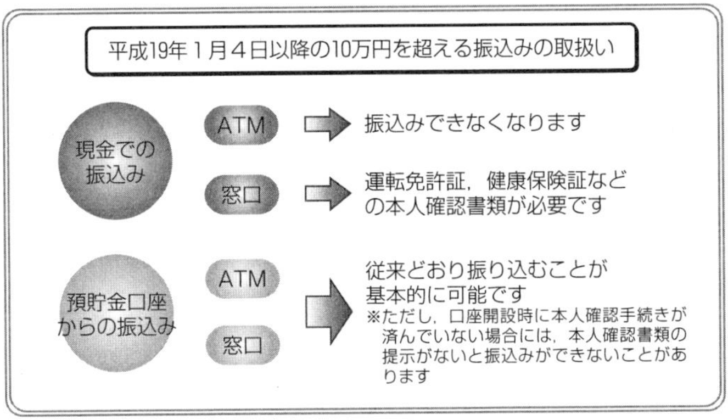

平成19年1月4日以降の10万円を超える振込みの取扱い
現金での振込み
ATM
振込みできなくなります
窓口
運転免許証，健康保険証などの本人確認書類が必要です
預貯金口座からの振込み
ATM
窓口
従来どおり振り込むことが基本的に可能です
※ただし，口座開設時に本人確認手続きが済んでいない場合には，本人確認書類の提示がないと振込みができないことがあります

コラム

シェイクスピアが書いた利息にまつわる悲喜劇

「ヴェニスの商人」が有名ですね。主人公の１人である，ユダヤ人のシャイロックは「高利貸し」です。一方，ヴェニスの貿易商人であるアントーニオは「利息を取らない」キリスト教徒です。

キリスト教徒であるアントーニオは，高利貸しシャイロックを蔑んでいましたが，親友から結婚資金の融資を頼まれます。しかし，彼の財産は航海中の船のなかにあるために融通できません。そこで，シャイロックに融資を申し込みます。いつも金利を取ることで蔑まれているシャイロックは，仕返しを目論見ます。

融資の条件は無金利融資の代わりに，返済できない場合「胸の肉１ポンド」をいただくというものです。ここから悲喜劇が展開します。

C 社会保障のカード化

消費増税やそれに伴う減税の恩恵を受けられない低所得者を支援する「給付つき税額控除」など，税制と社会保障の抜本改革（社会保障と税の一体改革）に伴って必要とされる施策として，さまざまな補助金配布があります。

しかし，単純な現金配布はコストがかかる，不正利用の可能性があるなどの課題を抱えています。

▶社会保障は現金配布ではなく「カード」で

米国には，フードスタンプという低所得者向けの食料切符がありましたが，現在はすべてプリペイドカード化されています。このカードはEBT（電子「手当」転送＝Electronic Benefits Transfer）Cardと呼ばれます。

EBT Cardは，低所得層（概ね世帯年収２万ドル以下）を対象に交付する連邦政府のプログラムです。実務はそれぞれの州政府が行っているため需給資格などには差があり，州ごとに利用制限があります。

米国全土での対象者は，2011年には4,470万人に増加，現金のATM出金も含めた全体の予算額に至っては718億ドルで，１人当たり月額平均134ドルが支給されています（米国農務省発表値：SUPPLEMENTAL NUTRITION ASSISTANCE PROGRAM　2011/12/１）。

購入できるものには，人の食料やそれを栽培するための種子や苗，ソフトドリンク類があります。もちろんペットの餌やアルコール飲料，タバコ，日用品やレストランでの食事には使えません。

長らくバウチャー（紙券）方式として実施されていましたが，紙券であるために転売や換金によるドラッグ購入などのさまざまな問題を常にはらんでいました。

特に配布から始まる紙券特有の事務処理に関する課題は大きく，連邦法によって消費税が免除されているために，税処理を始めとする煩雑な分類，集計，結束，送付などハンドリング等々，つまり業務に問題を抱えていました。

ウイスコンシン州Questカードの裏面

住民向けの電話サービス番号と，加盟店向けの電話サービス番号の他，サイン欄や注意事項が表示されています。

現在では，州によってはATM出金なども管理され，EBT CardやSNAP Card，そしてQuest Cardなど州ごとに呼び名が異なっていますが，磁気カードとPIN（暗証番号），そしてオンラインネットワークで処理されています。

カードの仕様や番号体系は，VisaやMasterCardなどの国際ネットワークブランドに準拠しています。したがって，決済用の端末は，クレジットカードやデビットカード端末と共用され，端末画面上もしくはファンクションキーからEBT，クレジット，デビットなど決済カードの種類を選択する方式がとられています。カード化することにより，用途制限や不正検知，そして集計など，さまざまな管理が低コストで実現できます。

D 公的証明書によるオンライン本人確認

現在，本人確認書類としては，運転免許証，健康保険証，年金手帳，パスポート，住民票，印鑑証明書，外国人登録原票記載事項証明書などがあります。

金融機関での口座開設，そしてクレジットカードなど決済カード発行の際には，いずれかの書類や，公的機関等から本人の現住所宛へ送付された郵送物などと組み合わせ，本人確認を実施します。

店舗窓口などでの対面確認は容易ですが，問題となるのは非対面確認です。

▶オンライン環境下での本人確認

ネット社会の進展は，あらゆる事務手続きがオンラインで完結しますが，本人確認書類については別途送付手続きが必要となります。多くは郵送やFAXが用いられますが，書類のコピーなどの手間がかかります。

オンライン環境下での本人確認ツールとしては「住民基本カード」など非接触ICを搭載した公的証明書が最も適しているでしょう。

2002年３月26日の「公的分野におけるICカードの普及に関する関係府省連絡会議申し合わせ」において，公的分野ではISO/IEC14443タイプB非接触インタフェースを利用していくことで統一されていますので，今後の公的分野におけるICカードインフラは，ISO/IEC14443タイプB非接触が標準となります。

すでに，電子パスポートや運転免許証にも採用されていますので今後の普及が期待されます。

一方，カードにはリーダーライターが必要となりますが，SONYからFeliCa共用のUSBタイプが3,000円を切る価格で発売されています。

今後は本人確認の厳格化が，よりいっそう求められることから，目的外使用が認められ，カードリーダーなどのインフラが整えば決済カードのオンライン申込みにも採用されていくでしょう。

本人確認書類

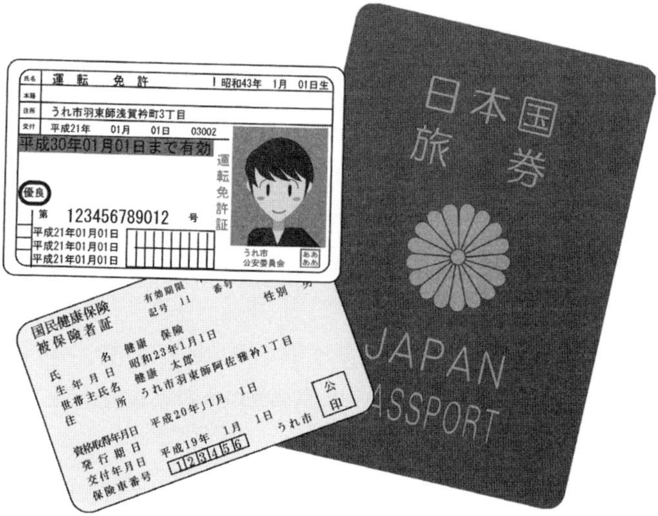

コラム

十字軍と為替

十字軍の活動以後盛んになった，ヨーロッパから聖地エルサレムへの巡礼者保護にあたった武装修道会で，最も有名なのが「テンプル騎士団」です。

中世最強と呼ばれるほど勇猛果敢でしたが，入会者や各地の信徒から寄進を受けることで資産も増やしたのです。

そして，その資産を用いて聖地や中東地域に多くの要塞を配置し，武装した騎士を常駐させました。また，旅立つ巡礼者から現金を預かり，途中の拠点で現金を払いだす証書を発行しました。これが「為替」の始まりといわれています。

用語解説

ISO/IEC14443…少電力IC通信技術の国際規格。

リーダーライター…クレジットカードやプリペイドカードに記録された情報を読み取ったり書き換えを行う機器。磁気用，IC用，非接触，接触などの種類がある。

E 携帯電話による本人確認書類送付

本人確認書類として，最も普及しているのは運転免許証や健康保険証でしょう。いずれも，多くがカードタイプの証明書となっています。

運転免許証は，切り替えにより，最終的には国内の免許所持者約8,000万人が非接触IC免許証を持つことになります。しかし，クレジットカードなどの決済カードを，IC免許証を用いてオンラインで申し込む際には，リーダーライターの広範な普及が必要です。また，それを受け入れる側のシステム構築にも時間がかかるでしょう。

▶携帯電話で書類送付

現在，本人確認書類の送付もオンラインで行うことは可能です。たとえばスキャナーで取り込んだ画像データを，電子メールで送付すればよいのですが，画像データの不正改ざんをはじめ，誤送付，証明書データがメモリー内に残存するといった課題があります。

対策として，一部の金融機関などで，携帯電話のカメラ機能を使用した本人確認書類の電子送付がスタートしています。カード型の免許証や健康保険証を，携帯電話内蔵のカメラで撮影し送信する方法です。

その際，あらかじめ携帯電話にダウンロードしたアプリケーションを用い，不正改ざんを防止した状態の画像データを生成するのが特徴です。

個人情報など申込みに必要な情報は，インターネットや携帯電話のサイトで入力し，その後，写真データを送付します。

インターネットで入力したデータと写真データとの整合をとるためには，インターネット入力後に，申込番号を組み入れたQRコード等を携帯電話で撮影し，携帯電話写真送付サイトに誘導します。送付された画像データをOCR処理（Optical Character Reader：手書き文字や印字された文字を光学的に読み取り，デジタルデータに変換する処理）すれば，人手を介さずに申込情報と接続することができます。

携帯電話画面の遷移

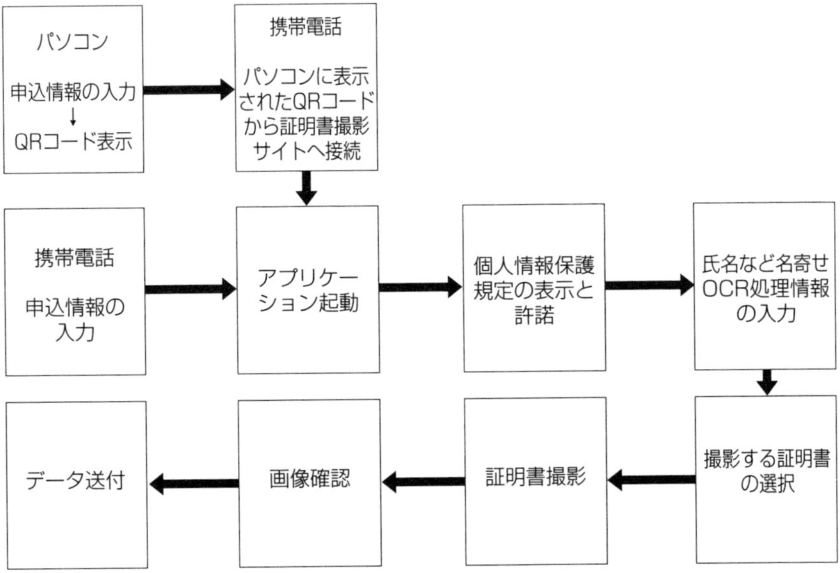

コラム

カードを複数枚作るとき，期間をどのくらいおくべき？

カード発行の可否判断はカード会社が行います。信用情報センターはカード申込状況や支払状況を提供するだけです。

カード発行には，「不自然さ」がないことが基本です。同じような機能を持つカードを複数同時に申し込むのは不自然ですね。また，プレミアカードを持つ会員が，同じ会社の一般カードを申し込むなども変です。

ただし，提携カードは提携先がカードに付与する特典に特長があるので必ずしも不自然ではありません。ですから，一概にどれくらいの期間というのはいえません。

F 「共通番号(マイナンバー)制度」の与える影響

2013年3月1日，自民党安倍政権は「共通番号（マイナンバー）制度」の導入に向けた法案を閣議決定しました。これは，社会保障と税に共通の番号を国民1人ひとりに割り振る制度です。この「共通番号」により社会保障制度と税制が一体化されます。

共通番号の導入は，正確な所得情報を把握して適正な課税や給付につなげ，事務の効率化や国民負担の公平性の向上を図ることを目的としています。「消えた年金」問題をみるまでもなく，個人の特定と処理の効率化に「共通番号」による名寄せは必須であり，過去からその導入が検討されていました。これからの予定では，2015年に個人番号が通知され2016年から利用開始となります。

希望により顔写真入りの番号カードが配布されることになりますが，民間活用が進めばカードビジネスや消費者信用業界全体に大きな影響を与えることになるでしょう。

現在のわが国における本人特定は脆弱な基盤しかなく，消費者信用分野においても，信用情報センターのデータベースに「運転免許証番号」の登録が始まったばかりです。

金融犯罪は，偽装結婚などの手段により本人特定を回避しますが，共通番号により個人の特定が容易になります。そして，本人確認手続きがネットで完結するなど効率化が進みます。

一方，民間での利用が進み，個人情報の保護や共通番号が可視的な場合「なりすまし犯罪」が増加するなど課題も山積しています。

また，従来から存在する「国民総背番号制」がイメージする国家統制には根強い反対も多く，海外でもそれぞれの歴史により共通番号制度には特徴があります。

移民国家であるアメリカ，カナダやオーストラリアでは共通番号は任意ですが，さまざまなサービスが共通番号をベースとして提供されています。また，

海外の共通暗号

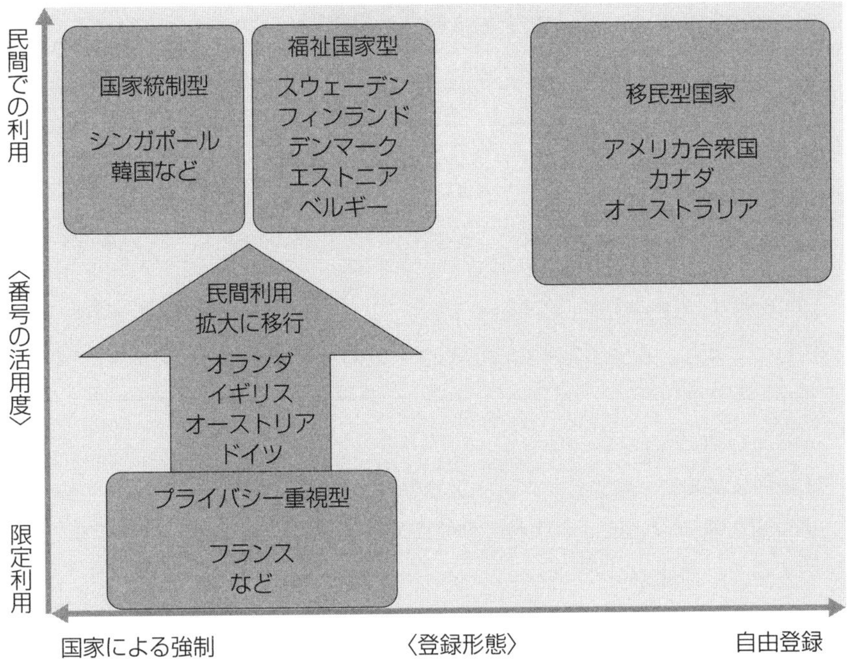

韓国やシンガポールなど近隣国家と緊張関係にある国家では，本人確認として共通番号が必須です。北欧は充実した福祉サービスに共通番号が使用されています。

日本は個人の自由を尊重し，国家による管理統制を嫌うフランス型になりそうですが，昨今では欧州各国も徐々に共通番号の利用の拡大による社会システムの効率化を指向しています。

わが国での共通番号実施にあたっては，民間利用の自由化と本人確認のために，媒体や認証スキームの高度化が求められます。

G 可視番号による「なりすまし犯罪」と新しい技術

共通番号やクレジットカードなどのBIN（Bank Identification Number，銀行識別番号）がカード上に印字され，目視できる場合には，つねに「なりすまし」型の不正行為が発生します。

「共通番号」の反対論に，韓国や米国におけるなりすまし犯罪の多発があげられるのですが，決済カードについては１つの解決策がすでに実用化されています。

それが「Vpay」です。

2007年にVisaからVisa Europeが分離しましたが，このVisa Europaが担当するSEPA（Single Euro Payment Area：単一ユーロ決済圏）内だけで通用するカードがVpayです。

決済カードにおける不正行為は，スキミング（情報盗用）による偽造（クローン）カードの製造と行使が代表的なものとしてあげられます。

この不正行為は，決済カードの磁気ストライプを読み取り，磁気部分の暗号も含めて，偽造した磁気カード上にエンコード（記録）するものです。

つまり，ICカードであっても磁気テープをスキミングされ，磁気カードにコピーされれば，磁気カードを利用できる加盟店で不正使用が可能になります。

SEPA圏内で発行されたICカードのクローンカードが製造され，IC対応ができていない米国で不正使用される事例が後を絶ちませんでした。

しかし，SEPA圏内ではほぼすべての加盟店とATMがICカードに対応しています。

つまり，IC対応できている加盟店やATMだけで使用できるブランドを作ればこの不正行為が防止できることになります。

こうして誕生したのがVpayです。

Vpayカードとアクセプタンスが掲示されたATM

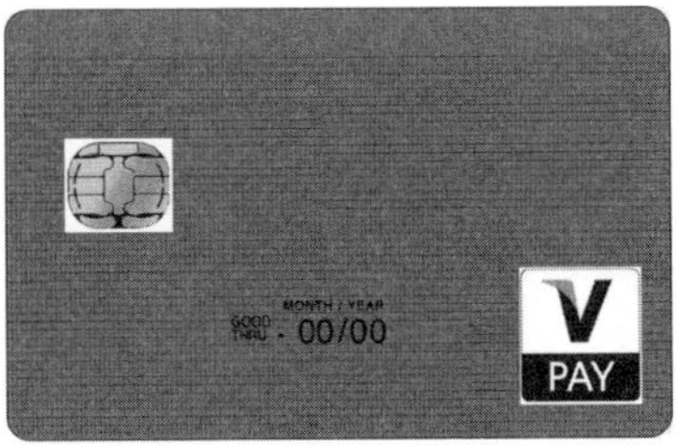

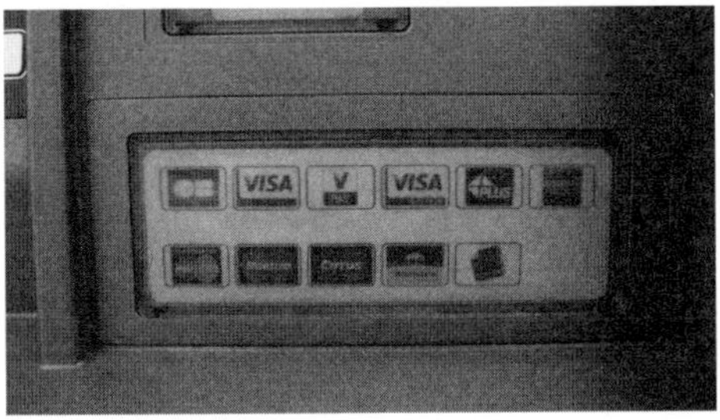

このVpay，製造工程上裏面にISO磁気ストライプを持っていますが，磁気部分には会員番号BINは記録されていません。発行銀行によってはカード券面にも会員番号は印字されていません。

つまり，決済番号であるBINは外部からは目視できませんし，磁気からもコピーすることができません。

そして，IC対応の加盟店やATMだけでのみ使用されます。

欧州では，口座開設の時にVpayを選択できるのですが銀行によっては約半分がVpayを選択するそうです。もちろん通常のVisaも選択できます。

最近発行されるVpayには，非接触IC決済VisaWaveが内蔵されています。もちろん非接触加盟店での利用が前提ですが，現在拡大を続けるNFC対応スマートフォンがカード読み取りインフラとして使用されるでしょう。

「共通番号」の場合にも，このスキームが利用できるでしょう。

ただし，紛失盗難に対応するために，発行するICカードには小番号を記録させ，小番号をサーバーで共通番号に変換するしくみが必要です。

これらの技術は，対面型加盟店での不正対策として有効です。

H 消費者庁とカードビジネス

消費者庁は2009年５月に関連法が成立し，同年９月１日に発足しました。

消費者庁の長は消費者庁長官で，消費者政策担当の内閣府特命担当大臣です。消費者庁の組織は，総務課，政策調整課，企画課，消費者情報課，消費者安全課，取引・物価対策課，表示対策課，食品表示課で構成されています。また，第三者機関として内閣府本府に消費者委員会が設置されます。

▶消費者庁の所管

カードビジネスに関連する法規で，消費者庁に移管されたり他省庁との関連を持つのは，消費者基本法を始め，景品表示法，電子消費者契約法，特定商取引法，金融商品販売法，出資法，貸金業法，割賦販売法などです。

特に，景品表示法は割賦販売法や貸金業法において，消費者庁がカードビジネスに深くかかわってくることになるでしょう。

消費者保護行政は，今後ますます強化されることになります。なぜなら，選挙における「無党派層」の増加は，有権者の投票行動が所属組織によるものから生活者・消費者としての感性によって左右されることにつながるからです。

▶ポイントプログラムと消費者庁

現在，ポイントサービスには法規制はなく，2008年12月に経済産業省から「企業ポイントに関する消費者保護のあり方（ガイドライン）」が発行されるにとどまっています。

しかし，企業から見たポイントは「オマケ」ですが，消費者からは「資産」と認識されておりズレが見られます。また，企業ポイントの多くはサーバー型となっており，サーバー型プリペイドカードから電子マネーへの交換，さらには銀行口座への入金までもが実現されており，金銭的価値が高まっています。

また，IFRS（国際会計基準）への適合では，ポイントは「負債」として認識されます。こうした要因から，早晩ポイントの法制化が進むでしょう。

カード事業者と省庁

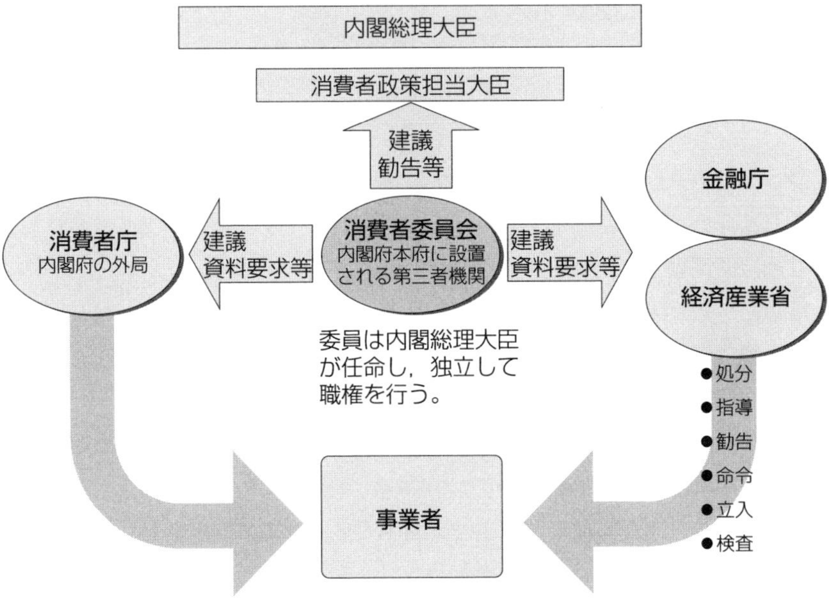
内閣総理大臣
消費者政策担当大臣
建議
勧告等
金融庁
消費者庁
内閣府の外局
建議
資料要求等
消費者委員会
内閣府本府に設置される第三者機関
建議
資料要求等
経済産業省
委員は内閣総理大臣が任命し，独立して職権を行う。
●処分
●指導
●勧告
●命令
●立入
●検査
事業者

MEMBERSHIP

3 割賦販売法改正によってクレジット会社と加盟店のポジショニングが大きく変わる

A 分割払い

クレジット，特に分割払いは，強力な販売促進機能をもっています。古くは米国1920年代の自家用車普及期に，GMが先行していた「T型フォード」を追撃するために導入した割賦販売制度が有名です。

そして，近代のわが国では，1950年代後半「三種の神器」といわれた電化製品の販売促進策として利用された割賦販売など枚挙にいとまがありません。

▶割賦販売の利便性

しかし，販売促進ツールとして強力な割賦販売は，その利便性から悪徳商法に利用されてきた歴史があります。

割賦販売は，販売業者と消費者の二者間で成立する「割賦販売」と割賦購入あっせん業者が仲介する「割賦購入あっせん販売」があり，近年問題となったのは後者の割賦購入あっせん販売です。右ページの図はビジネススキームを表現していますが，「⑥代金一括払い」とあるように，一旦契約が成立すれば，販売代金が高額であっても販売業者に一括して代金が立替払いされます。

消費者保護の観点から，特定のビジネススキームを「特定商取引」と規定し「割賦販売」と同時に法律で規制強化されました。

▶個別クレジットと包括クレジット

１つの商品を役務ごとにクレジット契約を締結することを個別クレジットと定義し，クレジットカードショッピングのことを包括クレジットと法律で定義しました。

また，２カ月を超える二回払い，ボーナス払いも規制の対象となる割賦と定義されました。

▶特定商取引

一般的な店頭販売と異なり，「特定商取引」としては次の６形態が規定されています。訪問販売，通信販売，電話勧誘販売，連鎖販売取引（いわゆる「マルチ商法」や「ネットワークビジネス」，「MLM（マルチ・レベル・マーケ

個別クレジットの流れ

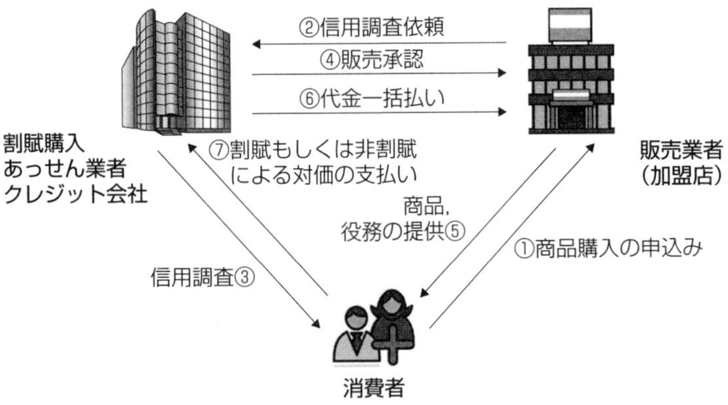

包括クレジット（カード）の流れ

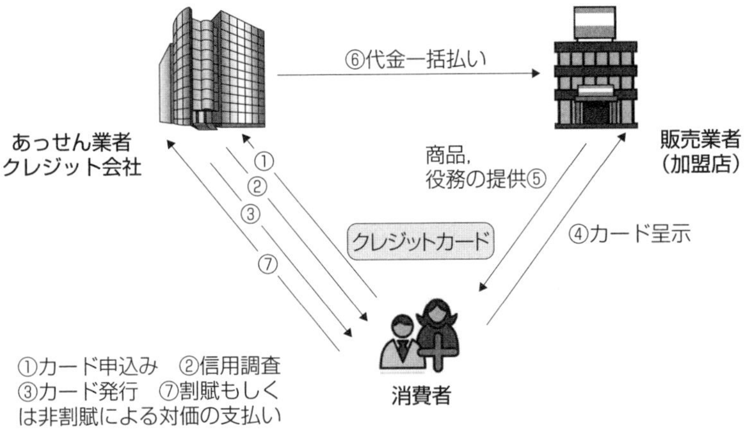

ティング）」），特定継続的役務提供（語学教室やエステティックサロンなど），業務提供誘引販売取引（いわゆる「内職商法」など）の6つです。

また，特定商取引には含まれませんが，売買契約に基づかないで一方的に商品を送りつけてくる商法（「送りつけ商法」または「ネガティブオプション」という）についても規定があります。

B なぜ割賦販売法が改正されたのか

特定商取引においては，通信販売を除き，消費者が自らの意思で消費行動を起こすことは少なく，多くの場合は販売店の強い勧誘を伴います。また，特定商取引では高額の販売代金決済も行われるため，割賦販売と密接な関連がうまれます。

▶消費者保護

高額な特定商取引決済と割賦販売が結びついた場合，初回の支払いが少額で済むため，強い勧誘とあわせ消費者の購入に結びつきやすくなります。

また，長期にわたる割賦支払いでは金利手数料も増加しますが，支払総額が消費者に見えにくくなります。

そして，消費者は販売会社とクレジット会社などと，それぞれ別途の契約を結ぶことから複雑な取引となり，解約手続きや支払停止などが煩雑となるなど，消費者保護の見地から問題点が指摘されていました。従来から，割賦販売法では，取引条件を表示した書面の交付などで取引の公正を確保してきましたが，今回の改正で，加盟店の調査義務規定や消費者の申込撤回，購入意思表示を取り消すことにより，消費者の受け得る損害を未然に防止する規定が強化されました。

▶クレジットとカード関連規定

また，支払方法の定義には，分割回数を中心とした考え方に加え，支払い完了までの期間と取引総額など，消費者の支払能力を重要視する考え方を追加しています。

そして，電子メール勧誘規制に加え，クレジットカード番号などの安全管理規定が設けられるなど，インターネットによる通信販売の安全性確保が重視されています。

割賦販売法改正の流れ

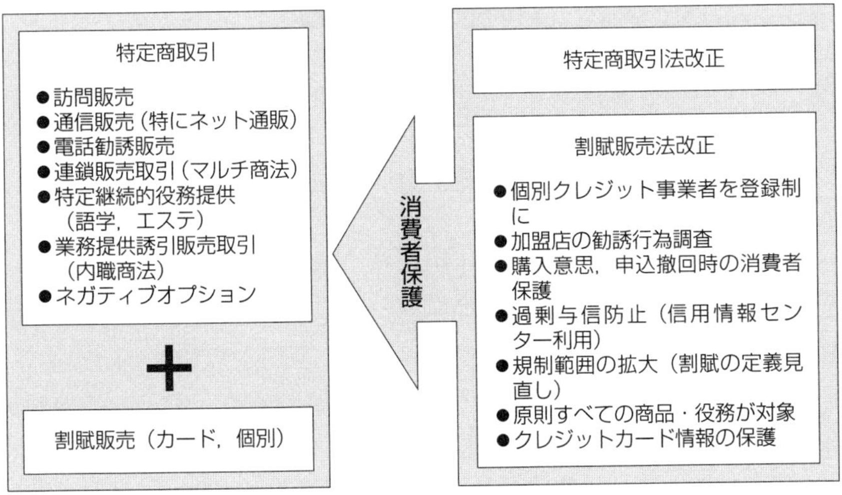

特定商取引
●訪問販売
●通信販売（特にネット通販）
●電話勧誘販売
●連鎖販売取引（マルチ商法）
●特定継続的役務提供（語学，エステ）
●業務提供誘引販売取引（内職商法）
●ネガティブオプション
＋
割賦販売（カード，個別）
消費者保護
特定商取引法改正
割賦販売法改正
●個別クレジット事業者を登録制に
●加盟店の勧誘行為調査
●購入意思，申込撤回時の消費者保護
●過剰与信防止（信用情報センター利用）
●規制範囲の拡大（割賦の定義見直し）
●原則すべての商品・役務が対象
●クレジットカード情報の保護

コラム

提携ローンとローン提携における金融機関のメリットは？

提携ローン方式はローン提携方式と比べて，銀行の取り分が少ないため，銀行にとってメリットが小さいように感じられます。しかし，

【取り分が少ない】＝【銀行のメリットが低い】ではありません。
【取り分（リターン）】－【危険度（リスク）】＝【メリット】ですね。

２つの方式の最大の差は，銀行が信用調査をするつまり積極的にリスクをとりに行くかどうかです。

銀行が信用調査をするローン提携は取り分が多いはずですが，現在では取扱高は非常に少なくなっています。金融機関にとってのメリットは取り分の差ではなくリターンとリスクのバランスです。信用調査に伴うリスクをクレジット会社に任せて，銀行は資金供給に特化する分業化ビジネスモデルが提携ローンなのです。

C 三者間一括清算とは

従来は申込みの撤回（クーリングオフ）は，消費者から販売業者とクレジット業者の二者に対し行うものでした。

しかし，今回の改正で，消費者はクレジット会社との個別クレジット契約をクーリングオフすれば，販売契約も同時にクーリングオフされることになりました。

つまり，クーリングオフの窓口がクレジット会社となり，クレジット会社は金融機能の請負業者から，契約全体の当事者となることを意味しています。

このことは，クレジット会社から見たとき加盟店は，発注者つまり「お客様」ではなく共同事業者となりますから，加盟店への慎重な審査が必要になります。

▶既払い金返還がもたらすもの

特に，今回の改正で，クレジット会社と加盟店の関係を大きく変化させるのが，既払い金の返還です。これは，訪問販売などによる売買契約が虚偽説明などにより取り消される場合や，過量販売で解除される場合，消費者がすでに支払ったお金の返還をクレジット会社に請求できることです。

特に，高齢者が被害者となりやすい「次々販売」など，通常必要とされる分量を著しく超える商品の売買契約に対するクレジット契約は，１年以内であれば解除可能です。この場合でも，消費者はクレジット会社に対し，すでに支払った分割払い金（既払い金）の返還を求めることができます。

そして，クレジット契約解除に関する消費者への損害賠償は制限され，個別クレジット業者は加盟店への立替金相当額を消費者に請求できず，加盟店はクレジット会社から受け取った立替払い金を，クレジット会社に返還しなければなりません。

三者間一括清算

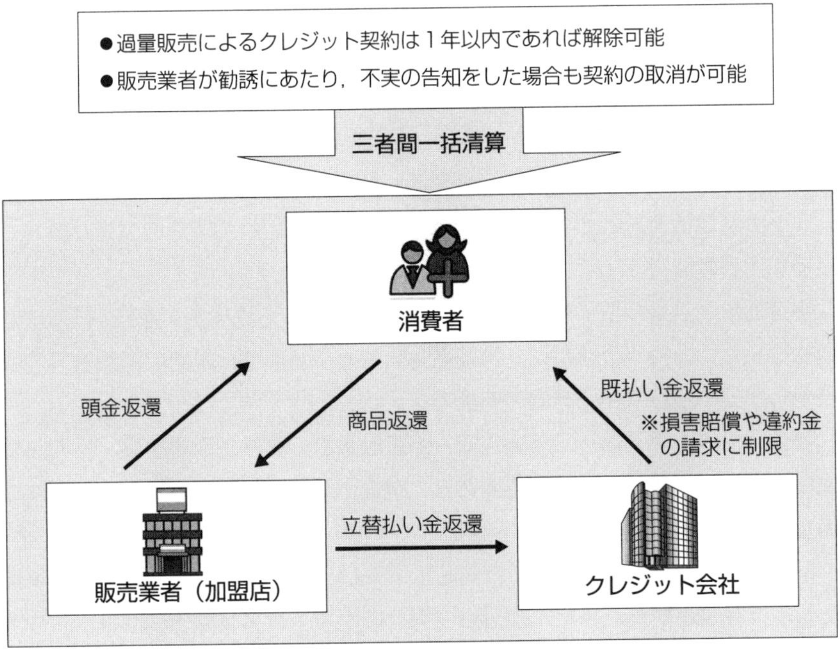

悪徳商法をブロック

用語解説

クーリングオフ…一定期間，無条件で申込みの撤回または契約を解除できる制度。ちなみに和製英語。

D 販売業者も審査される対象に

不実告知や過量販売の場合，三者間の一括清算が求められることから，クレジット会社は販売店との加盟店契約や業務運営にあたり加盟店の調査が義務づけられました。

調査対象となる取引は特定商取引の6類型です。その内容は特定商取引法で禁止されている行為，または，消費者契約法で申込みや，承諾の意思表示の取り消しが認められている行為の有無です。

具体的には，重要事項の不実告知，断定的判断の提供，重要事項・不利益事実の故意の不告知，威迫・困惑であり，調査記録は5年間保存しなくてはなりません。

販売店に違反行為が認められた場合にはクレジット会社は，契約やその承諾をしてはなりません。また，加盟店は調査に協力するよう努めなければなりません。

▶加盟店契約時調査

クレジット会社は，特定商取引を行っている販売業者と新規に加盟店契約を締結する場合には調査を行います。

調査の内容は，特定商取引の種別（訪問販売，電話勧誘など），名称，住所，営業地域，商品役務の内容，営業実態，信用状況，特定商取引法の処分歴，苦情処理体制などです。

▶与信契約時調査

また，クレジット会社は，販売業者が消費者と特定商取引にかかわる個別クレジット契約を締結する際にも，その都度，消費者に対し調査を行います。

調査内容は，加盟店による重要事項の不実告知，断定的判断の提供，重要事項・不利益事実の故意の不告知，威迫・困惑，付帯条件などによる誤認の有無。その他，特定商取引法や消費者契約法違反の有無を電話などで行います。

販売業者とクレジット会社の新しい関係

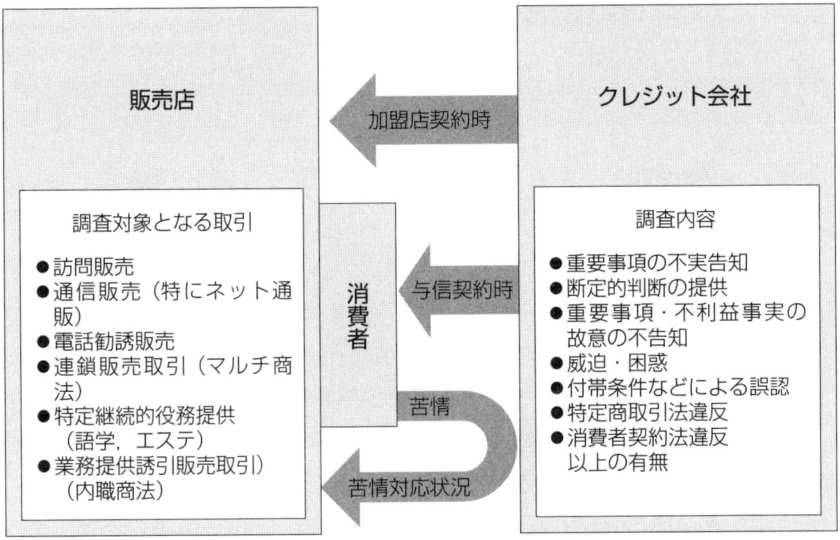

従来の個別クレジット締結時の消費者調査に加え，販売店の勧誘行為も調査対象となりました。

▶苦情対応調査

消費者からの苦情の内容が，法の禁止行為に該当するおそれがある場合，または，該当販売業者に対する苦情が類似の販売業者に比べて多い場合も加盟契約時，与信契約時に必要な調査を行わなくてはなりません。

キャッチセールス

E 過剰与信防止

従来，販売信用分野であるクレジットカードのショッピング限度額の設定や，個別クレジットの取扱額承認は各クレジット会社にゆだねられてきました。

また，信用情報センターへの問い合わせについても，信販系の信用情報センターや銀行系の信用情報センター，そして金融機関系や貸金業系など複数の信用情報センターが存在し，それぞれ他社利用分（ホワイト）情報は把握することができず，未払い関連（ブラック）情報のみの交流だけでした。

このような状況が，消費者に多額のクレジット債務を負わせる結果となり，貸金業による多重債務と同様の社会的問題になりました。

そこで，販売信用分野でも，過剰与信を未然に防ぐ規定が割賦販売法に盛り込まれました。それが「包括支払可能見込額」規定です。

▶信用情報機関の指定

従来の信用情報センターは割賦販売法により2010年７月頃に経済産業大臣から指定信用情報機関として指定を受けました。

これにより，クレジット業者には指定信用情報機関を利用した支払能力調査が義務づけられ，消費者の支払能力を超えるクレジット契約の締結が禁止されます。

この指定信用情報機関は，貸金業法の指定信用情報機関と同一であり，わが国のクレジット史上はじめて消費者の信用情報が交流されました。

金融機関が利用する信用情報センターとも情報交流がすすんでおり，いずれは消費者の信用情報が相互交流される時代がくるでしょう。

これから，わが国では「共通番号」が制定されますが，プライバシー保護との兼ね合いもあり，実施に向けて今後もさまざまな論議を呼ぶことになるでしょう。

総量規制と包括支払可能見込額

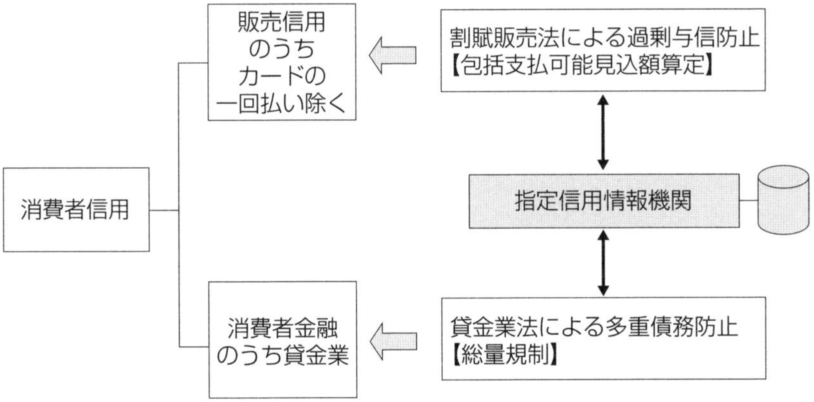

コラム

海外ではリボ払いが多いが，日本では少ないのはなぜ？　Ⅰ

日本人の「借金」に対する抵抗感でしょう。

つまり，長く続いた徳川幕府の基本政策「勧農抑商，貴穀賤金，士農工商」（農業をすすめ商業を抑える・米は尊くお金は穢れている）が現在の消費者意識にも残っているのではないかと思います。

信長や秀吉は楽市楽座や金貨幣の発行など，尾張という流通の盛んな土地で成長した商人の原理と機略を持っていましたが……。

また，徳川幕府崩壊直後に上記の反動として起こった高利貸し問題（利息制限法は明治憲法より古く，近代日本において，最も初期に成立した法律です）も影響しているのではないでしょうか？

F 支払可能見込額の算定

割賦販売法の改正により，支払能力を超えるクレジット契約の締結が禁止されますので，クレジット業者は契約締結前に消費者の「支払可能見込額」を算出する必要があります。

支払可能見込額とは，消費者がクレジット債務を支払うために，住宅を奪われずに最低限度の生活をしながら，債務を支払いつづけることができる１年あたりの金額です。

具体的には，個別クレジットについては，年間支払見込額を超える年間割賦支払額の契約締結が禁止されます。そして，クレジットカードによる包括クレジットについては，カードの利用限度額が支払見込額の９割を超えるカードの発行や増額が禁止されます。

▶算定基礎事項とは

年収は，利用者による自己申告，またはクレジット会社が利用者の年齢，勤務先，勤続年数から推定します。専業主婦の場合は世帯収入に基づいて与信します。

預貯金は，利用者が無収入であるものの資産を有する場合に補完的に調査をしますが，必要とされない場合は調査を行いません。

クレジット債務は，指定信用情報機関が保有するクレジット債務情報を調査します。クレジット会社は利用者の氏名，住所，生年月日などの属性情報と，利用される商品役務の価額，クレジット債務額，支払遅延の有無などを登録します。

生活維持費は，人事院による全国平均の「標準生計費」，つまり，持ち家の有無や住宅ローンや家賃負担の有無，そして扶養者の数で算出します。そして，地域の物価価格差も反映されます。

支払可能見込額算定

<table>
<tr><td colspan="4">年収</td><td>預貯金</td><td>例外部分
丁寧な審査
による増額
一時的増額</td></tr>
<tr><td rowspan="2">クレジット
債務自社利用
指定信用情報
機関</td><td colspan="2">生活維持費</td><td colspan="2" rowspan="2">支払可能見込額
包括クレジットは×0.9</td><td rowspan="2">少額
生活必要品
教育ローン
緊急医療介護</td></tr>
<tr><td>地域物価価
格差を勘案</td><td>扶養者数・住宅
ローン・家賃</td></tr>
</table>

▶支払可能見込額制限の例外

個別クレジットの場合には支払可能見込額制限に例外があります。10万円以下の店頭販売品で家電や携帯電話など，高額であっても自家用車など，生活に必要とされるものや教育ローン，そして緊急医療や介護用品などは，丁寧な審査を前提として，支払可能見込額を超える利用ができます。

包括クレジット（カード）の場合の例外は，30万円以下の限度額を持つカード発行や，消費者の求めに応じ海外旅行や引越し冠婚葬祭など，特定の目的かつ一定の期間の増額です。あるいは，ETCや家族カードなど付加カードや，紛失などによる再交付や更新なども例外とされています。

コラム

海外ではリボ払いが多いが，日本では少ないのはなぜ？　Ⅱ

外国ではカードやクレジットを経済政策に利用し，リボが根付きました。

1980年代深刻な経済不況を脱するため，当時のレーガン大統領がとった経済政策レーガノミックス（Reaganomics）のなかにリボルビング支払いの金利部分を減税対象とすることによる消費活性化策がありました。リボの特性として，限度額いっぱいでないと損をしたように錯覚する一方，使い慣れると継続性が生まれ，いわゆる「リボ中毒」となってしまいます。この政策は韓国の金大中政権も採用しましたが，米国と同様に多重債務者を生みました。

レーガノミックスにより発生した，リボ中毒の風評が，わが国のクレジットカード発展期に重なったことも影響しているでしょう。

G 個人信用情報保護

「割賦販売法改正」,「貸金業法」をはじめ「個人情報保護法」,「消費生活用製品安全法」などの新法や改正法施行の流れを見るまでもなく,立法・行政は,従来の産業育成に加え,消費者保護へと大きく舵を切っています。

特に割賦販売法改正において注目すべきは,クレジットカード情報も含めた個人信用情報の安全管理義務が導入されたことです。

このように,消費者保護行政のなかでも個人信用情報保護は大きな位置づけを占めてきており,割賦販売法や貸金業法にもクレジットカードや資金需要者の情報保護が強く求められています。

そして,クレジット会社の役職員だけではなく外部委託先にも,個人情報保護法や,金融分野における個人信用情報保護に関するガイドライン,およびその安全管理措置について,実務指針の規定に基づく措置が確保されなくてはなりません。

▶クレジットカード情報の保護

JNSA(日本情報セキュリティ協議会)「情報セキュリティインシデントに関する調査報告書」では,2006年の個人情報漏えいの公表件数は993件で,情報漏えい件数の9.0%に口座番号あるいはクレジット番号が含まれていました。

そして,2011年の,個人情報漏えいインシデントは1,551件628万人を数え,そのなかでも口座番号およびクレジットカード番号漏えいは55万件に及びます[1]。

特に,同報告書は,クレジットカード番号,有効期限の情報漏えいによる経済的損失を最もレベルの高い3に位置づけています[2]。

損失レベルと苦痛レベル（JNSA資料より）

経済的損失レベル ＼ 精神的苦痛レベル	1	2	3
3	口座番号＋暗証番号，クレジットカード番号＋カード有効期限，金融情報を持つWebサイトアカウント＋パスワード	遺言書	
2	クレジットカード番号のみ，パスポート情報，金融情報を持つWebサイトアカウントのみ	年収・区分，資産・負債情報，購入履歴，納税情報	
1	氏名，住所，生年月日，性別，金融機関名，各種身分証明書番号，勤務先情報，写真，家族構成など	心身情報，指紋，生体認証情報，人種，方言，賞罰，職歴，学歴，メール内容，保険加入情報	政治，信条，宗教，思想，病状カルテ，性癖，介護度

コラム

海外ではリボ払いが多いが，日本では少ないのはなぜ？　Ⅲ

海外では，日本の「一回払い口座引き落とし」に相当する支払方法としてデビットカードがあります。

一般的に海外のクレジットカードの支払いは小切手です。小切手払いという利便性の低い決済方法は，口座引き落としというデビットカード決済に流れています。わが国のクレジットカードによる一回払いは，ディレイドデビット決済ともいえます。

H 個人信用情報漏えい

2011年JNSA（日本情報セキュリティ協議会）「情報セキュリティインシデントに関する調査報告書」の詳細を見ると，クレジットカード番号と有効期限の大規模漏えいに関連する事件は，管理ミスやシステムの誤操作と，不正アクセスと内部犯罪によるものとなっています。今後も不正アクセスおよび内部に起因する不正に対しては，その防止は困難を極めるといっても過言ではありません。

割賦販売法におけるクレジットカード情報保護は，個人情報保護法ではカバーされていません。したがって，割賦販売法では，個人情報に加えてクレジットカード情報も保護の対象にしており，その違反は刑事罰の対象となります。

▶外部からの攻撃と内部不正

本来，人は「善」であるという性善説に基づいた社会が望ましいのですが，個人情報が大きな資産として認識され始めた現在にあっては，外部からの攻撃によるクレジットカード情報の取得と，内部不正による個人情報の窃盗が増加しています。

個人信用情報やクレジットカード番号のシステム防御は，外部からの攻撃に耐えうると同時に，社内外の関係者を犯罪者予備軍にしないための対策が急がれます。そのためにはシステムに「隙」を作らないと同時に，社内の意識向上だけではなく，本来，人間は誘惑には弱いものといった，性「弱」説に基づいたシステム思想が必要となってくるでしょう。

▶PCI DSSと法

クレジットカード関連で「隙」を作らないシステムとして，国際ブランドが共同で策定したセキュリティの業界統一基準PCI DSS（Payment Card Industry Data Security Standard：決済カード情報セキュリティ基準）があります。

クレジットカード情報保護

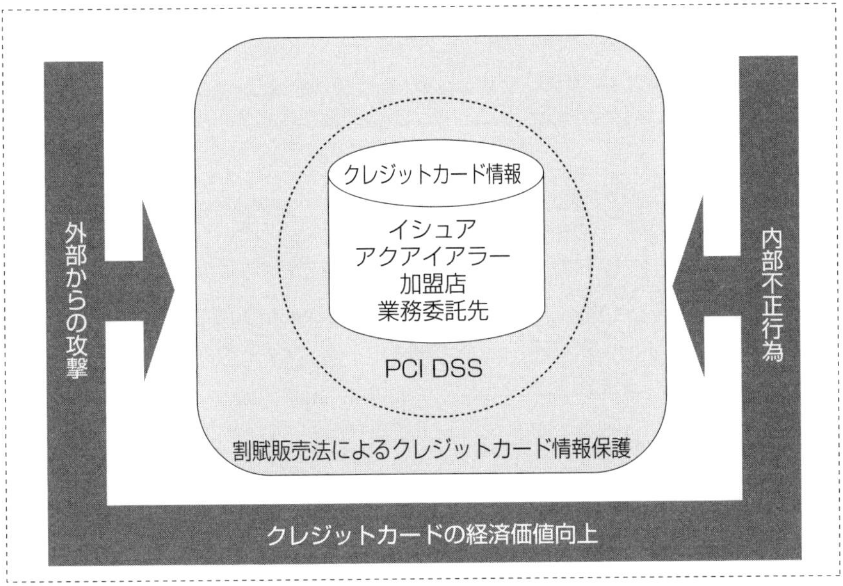

割賦販売法でもクレジットカード情報の保護が求められていますが，法律の技術中立性からPCI DSSそのものが法律の条文や施行規則に反映されるのではありません。法の趣旨であるクレジットカードの情報保護を目的として，PCI DSSに準拠するのはもちろんですが，より「高度な安全管理措置」を講ずることが必要といえるでしょう。

3 割賦販売法改正によってクレジット会社と加盟店のポジショニングが大きく変わる

I PCI DSS

▶PCI DSSとは

“Payment Card Industry Data Security Standard”の略で，キャッシュカードやクレジットカードなど決済カードの情報および取引情報を保護するために，JCB・American Express・Discover・MasterCard・Visaの国際ペイメントブランド5社が共同で策定した，決済業界におけるカード情報保護基準です。

クレジットカードブランドのセキュリティ対策としては，ICカード化や3-D Secure（パスワードによる認証）がありますが，これらはカードの不正利用防止に着眼点が置かれています。それに対し，PCI DSSは不正利用につながるクレジットカードの情報漏えいそのものを防止することを目的としています。

また，情報保護としてISMS（Information Security Management System：情報セキュリティマネジメントシステム）があります。これはPCI DSSとは目的が異なります。

▶クレジットカード情報保護と個人情報保護

ISMSはセキュリティマネジメントに重点を置いていますが，PCI DSSはシステム的なセキュリティレベルの向上そのものに重点を置きます。

つまり，ISMSは企業・組織が保有する情報から守るべき情報資産を決定するのに対し，PCI DSSは業態を超えて，カード関連情報の保護に特化していることが特徴です。

したがって，ISMSは情報セキュリティ対策の永続的な管理を目的としますが，PCI DSSはクレジットカードのカード番号ならびに有効期限など関連情報を保護することを目的に，システム実装レベルで具体的な規定を定めています。

2つのセキュリティマネジメントーISMSとPCI DSSの比較

	ISMS	PCI DSS
守るもの	企業，組織が情報資産を決定	カード関連情報に特化
目的	情報セキュリティ対策の永続的な管理	クレジットカードのカード番号ならびに関連する機密情報を保護する
内容	企業，組織におけるリスクアセスメントの継続的な運用を規定	システムでの実装レベルの具体的な規定

PCI DSSはシステム的なセキュリティレベルの向上に重点を置く
ISMSはセキュリティマネジメントに重点を置く

▶加盟店のカード情報保護

カード情報漏えい事件には，金銭的実害・社会的信用の失墜・事業の継続不可能等のリスクが伴います。たとえば，PCI DSSに違反し，クレジットカード情報を漏えいした米国大手流通業TJXは，今回の侵入事件に関連する支出が500万ドルになるとの見通しを示していました。

しかし，実際には顧客との和解のための特別費用は１億700万ドルの特別費用に含まれるとしています。

また，影響を受けたVisaカード発行会社との和解に総額で最大4,090万ドルを支払いました。そして被害調査だけで500万ドルを要しています。

J 法整備の影響

法改正により，カード発行者（イシュア）・加盟店管理業者（アクアイアラー）そして加盟店もカード情報の保護措置を講じる必要があります。

▶米国法の動き

米国のミネソタ州は，PCI DSSに準拠しない加盟店の過失により情報漏えい事件が発生し，イシュアがカード再発行することを余儀なくされた場合，その加盟店がカード再発行費用や被害者への通知費用などを負担するという州法を施行しています。

同様の法案が，コネチカット州，イリノイ州，テキサス州などで審議されています。テキサス州法案の場合，加盟店がPCI DSSに準拠していれば，逆に顧客の集団訴訟から保護されるというアプローチを取っています。早晩，連邦法へと格上げされるでしょう。

現在，わが国ではカードの情報漏えいを起こした加盟店は，顧客への補償やカード会社のカード再発行費用の負担が課せられますが， 割賦販売法改正により，クレジットカード情報の保護が規定されたことで，情報漏えい者には，いままで以上の経済的ペナルティが課されることになるでしょう。

▶PCI DSSの12要件

PCI DSSでは12の要件を定めています。これをまとめると，安全なネットワークの構築と維持，カード会員データの保護，脆弱性を管理するプログラムの整備，強固なアクセス制御手法の導入，定期的なネットワークの監視およびテスト，情報セキュリティ・ポリシーの整備に集約されます。

わが国での個人情報保護法などの成立過程を見ると，わが国での立法化は，通例では米国連邦法成立後数年で行われるようです。しかし，貸金業法の総量規制・上限金利規制や割賦販売法の包括支払可能見込額算定，クレジットカード情報保護には「消費者保護」の視点が強くはたらいています。今後もこの傾向が続くでしょう。

PCI DSSの12要件

●安全なネットワークの構築と維持

要件1：カード会員データを保護するためにファイアウォールを導入し，最適な設定を維持すること

要件2：システム・パスワードと他のセキュリティ・パラメータにベンダー提供のデフォルト値を使用しないこと

●カード会員データの保護

要件3：保存されたカード会員データを安全に保護すること

要件4：公衆ネットワーク上でカード会員データを送信するときは暗号化すること

●脆弱性を管理するプログラムの整備

要件5：アンチウイルス・ソフトウェアを利用し，定期的に更新すること

要件6：安全性の高いシステムとアプリケーションを開発し，保守すること

●強固なアクセス制御手法の導入

要件7：カード会員データへのアクセスを業務上の必要範囲内に制限すること

要件8：コンピュータにアクセスする利用者ごとに個別のIDを割り当てること

要件9：カード会員データへの物理的アクセスを制限すること

●定期的なネットワークの監視およびテスト

要件10：ネットワーク資源およびカード会員データに対するすべてのアクセスを追跡し，監視すること

要件11：セキュリティ・システムおよび管理手順を定期的にテストすること

●情報セキュリティ・ポリシーの整備

要件12：情報セキュリティに関するポリシーを整備すること

将来，カード情報の漏えいによるペナルティは企業の存続にまで影響を及ぼす可能性を持っています。

用語解説

セキュリティ・パラメータ…セキュリティに関するさまざまな処理項目をコンピューターで処理する際に，一連の処理を指定するために与える情報。電卓の場合は打ち込む数字。

K 加盟店情報交換制度

2009年の法改正は，消費者保護の視点が強くはたらいています。

クレジットビジネスは消費者に対し，加盟店とクレジット会社が連携してサービスを提供しますので，加盟店が主体であることは言うまでもありません。

そこで，クレジット会社には，加盟店がとった利用者等の保護に欠ける行為に関する情報を登録し，他のクレジット会社もその情報を利用することが義務づけられました。これを「加盟店情報交換制度」といいます。

2009年４月１日に社団法人日本クレジット協会が設立され，12月１日に認定割賦販売協会として認定され，同協会が加盟店情報交換センターを運営することになりました。

▶利用者の保護に欠ける行為とは

販売勧誘に関する行為としては，事実に基づかない言動や誤認させる言動，そして重要事項の不告知などがあります。

また，契約解除に関するものとして，一方的に利用者からの相談を拒否したり，正当な理由もなく返品・キャンセルを拒否するなどがあげられています。

つまり，加盟店情報交換センターは，加盟店の悪質な行為によって，利用者に被害が生ずることがないように，加盟店情報の集約と共同利用を行います。これによって，被害の未然防止とその拡大を阻止することを目的としています。

▶登録の流れ

クレジット会社は利用者から苦情を受け付けた後，加盟店に事実確認を行います。その結果，加盟店に利用者保護に欠ける事実や疑われる情報は情報交換センターに登録されます。

そして，加盟店情報交換センターへ登録された情報は，加盟するクレジット会社間で相互利用されます。

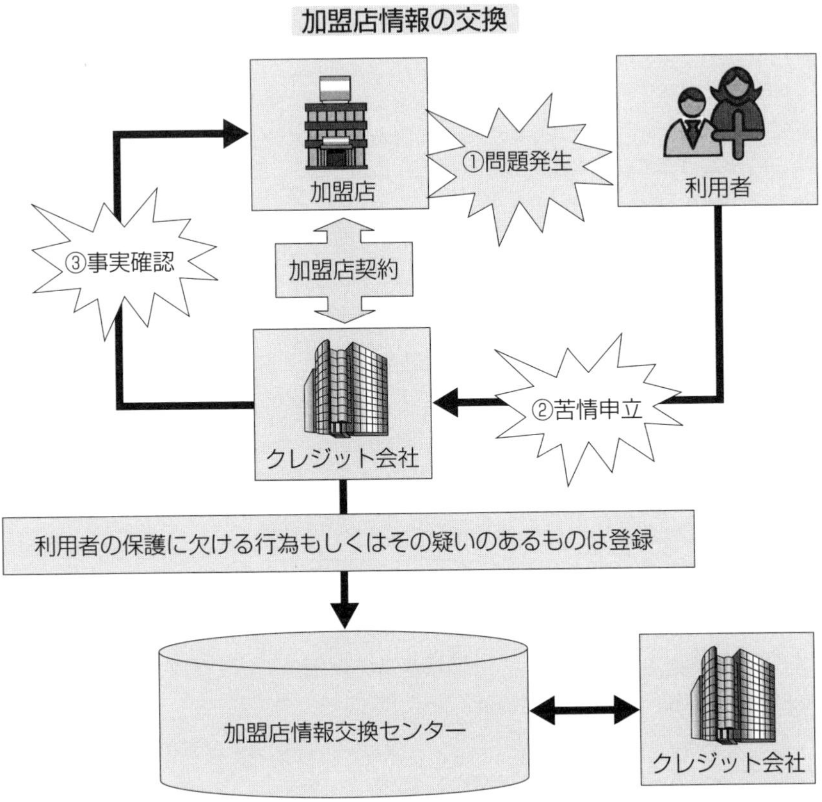
加盟店情報の交換
加盟店
①問題発生
利用者
③事実確認
加盟店契約
クレジット会社
②苦情申立
利用者の保護に欠ける行為もしくはその疑いのあるものは登録
加盟店情報交換センター
クレジット会社

A 規制法から業法へ

多重債務など消費者問題に端を発した消費者金融問題は，2006年12月，貸金業規制法を大幅に改正し，貸金業法として公布されることにつながりました。

今回は法改正というより，新法として位置づけられているのが特徴です。それは法律の名称に端的に表現されています。

旧法は「貸金業の規制等に関する法律」であり，新法は「貸金業法」と改められています。

つまり，旧法は貸金を業として行う者を「規制」するという視点でしたが，新法は，貸金行為を銀行業法や保険業法と同様に「業」として営むことを認めています。

▶内部管理とコンプライアンス（法令遵守）

旧法である貸金業規制法は，資金需要者の保護のために，広告規制や書面交付など弊害除去に重点がおかれていました。

現在，わが国の金融管理法の主流となる考え方は，従来の「行為統制」から内部管理と統制による法令遵守へとシフトしています。その内容は，広範かつ厳しい内容に進化しつつあり，今回の貸金業法も例外ではありません。

つまり，業として認可すると同時に適正を維持するために「法令遵守，内部管理など組織体制とプロセスを管理する」という考え方に基づいています。

▶金融ビジネスと信用供与

それでは，なぜ貸金業には内部管理とコンプライアンスが重視されるのでしょうか？　銀行をはじめとするサービス業一般と貸金業との違いは，信用の与え方にあります。資金を預かる銀行や，一般のサービス業は消費者から「信用を与えられる」側です。つまり消費者から信用され信頼されることからビジネスが始まります。

しかし，貸金業は全く逆の信用供与，貸金業者側が消費者に信用を供与することでビジネスが始まります。

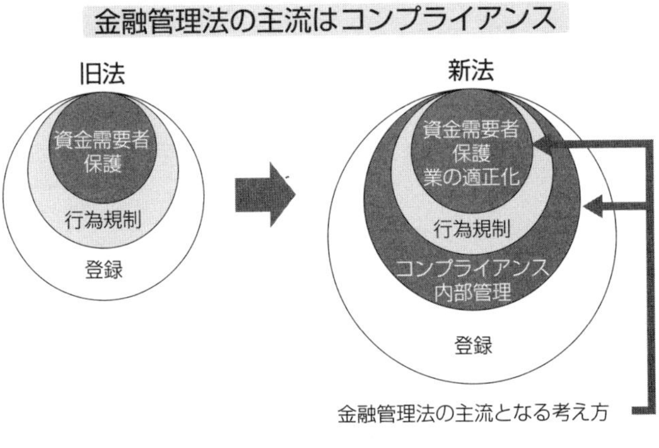

つまり，貸金業は消費者に対して強い立場となるために，弱い立場を守る意味からも，内部管理とコンプライアンスを重視する必要があるからです。

コラム

借入希望者のうちの何割が審査を通らないか？

与信基準はリスク見合いで決定されます。スコアリングモデルやビヘイビア法などが代表ですが，高額＞少額，緊急需要＞計画的需要などです。つまりリスクが高ければ，金利手数料は高くなります。

一方，金利が法律で低くしか設定できない場合は，一定以上のリスクを持つ顧客は与信ではじかれることになります。

最近は6割から7割が謝絶されています。大手でも成約率が急激に下がっていますが，与信戦略を変更したため基準が厳しくなったことが理由です。

また，大手は新規の顧客に対し，短期間で少額を融資する商品を発売しました。顧客の属性から融資の可否を判断する「スコアリング」で融資できなかった顧客に対しても，支店長が慎重にカウンセリングすることで，上限10万円までの小額融資を可能にする，消費者金融大手で初めての個別審査を重視した商品設計です。

B 貸金業が「業」となった

旧法が貸金業「規制」法とあったように，貸金業は「規制」が法の目的となるビジネスモデルから，今回貸金「業」として認可されたことが大きな意味を持っています。

その目的には「(前半略）貸金業を営む者の業務の適正な運営の確保及び資金需要者等の利益の保護を図るとともに，国民経済の適切な運営に資する」とあることでもわかります。

法改正直前の2005年には，消費者ローンの供与額は24兆5,000億円を突破し[3]，消費者信用市場全体に占めるシェアは32%となっていました。

すでに，消費者ローン市場は，行政として適切にコントロールすべき規模となっていたのです。

従来，「貸金業」は比較的参入しやすいビジネスモデルでもあったのですが，今回の法改正により，財産要件の引上げ，総量規制と金利引下げ，各種規制の強化とコンプライアンスの徹底など，すべての規定に耐えうる企業しか市場に残れなくなったといえるでしょう。現実に貸金業者登録数は1986年には47,504社あったものが2013年３月末には1,902社と25分の１になっています[4]。

今回の法改正では，財産的基礎要件が法人の場合500万円から5,000万円に引き上げられたほか，社内管理体制の整備と事業報告書の提出が義務づけられました。

▶グレーゾーン金利の撤廃

そして，「業」として認可するには，グレーゾーン金利の撤廃が避けられませんでした。

グレーゾーン金利とは，利息制限法に定める上限金利は超えるものの，出資法に定める上限金利には満たない金利のことです。

利息制限法では，貸し付ける金額により，利息が一定利率を超えるとき，その超過部分につき無効と定めています。

利息制限法と出資法と罰則

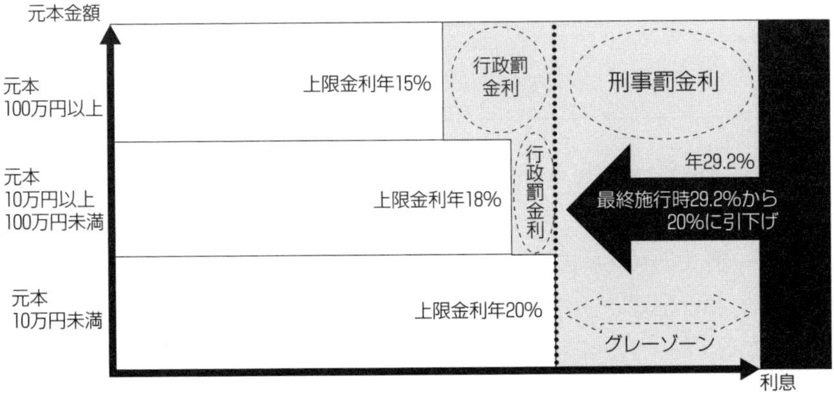

①元本が10万円未満：年20%，②元本が10万円以上100万円未満：年18%，
③元本が100万円以上：年15%

一方，出資法では，業として貸し付ける場合，年29.2%以上の契約が違法となり，契約を締結しただけで刑罰が科されます。

▶みなし弁済の廃止

貸金業法には最終施行まで「みなし弁済」という規定がありました（2010年6月18日の最終施行時に廃止）。

「みなし弁済」とは，登録を受けた「貸金業者」が，利息制限法に定める上限金利を越えていても，「有効な利息の債務の弁済とみなす」という規定です。

コラム

貸金業法の総量規制と利息制限法の金利の関係は？

住宅ローンを持っているとキャッシングの金利は15%になるのでしょうか？

実際には，100万円以上の残高がある場合15%となります。

総量規制は貸金業法の概念です。銀行は銀行法が適用されますので，貸金業法の対象外です。銀行法や貸金業法は「業」を対象とする特別法であり業法ですが，それに対し利息制限法は上位法である一般法です。したがって，銀行の住宅ローンであっても利息制限法の対象になります。

もともと利息制限法には総量規制に相当する元本額の特則があります。

5 貸付残高で利息が変化する～利息制限法

A 歴史のある法典「利息制限法」

歴史上，利息にかかわる法律は最も古い法といえるでしょう。たとえば，紀元前1750年ごろバビロニア王ハンムラビにより発布されたハンムラビ法には「利息」に関する条文が各所にみられますし，聖書にも利息に関する記載があります[5]。わが国では，大日本帝國憲法（明治22年２月11日に発布）にさかのぼること12年前，旧利息制限法が明治10年９月11日に布告されています。

いずれも，利息を取ることを禁じたり，その制限に関する記載であることから「利息」を取るビジネスモデルは，経済の成立とともに発生し，当初からその弊害があったことを証明しています。

▶利息制限法と出資法

金利に関する法律として利息制限法と出資法があります。いずれも金銭消費貸借契約の利息に上限を設ける金利規制法としては同じですがその目的が異なります。

利息制限法の目的は民事立法として，規定された利息を超えた場合はそれを無効とし，経済的な弱者である債務者を保護することにあります。したがって，利息制限法は民事法ですので違反しても刑事罰は課されませんが，民事罰である行政処分が課されます。

一方，出資法は刑事立法として，さまざまな金融・利殖ビジネスの弊害が高金利から生じることから，上限金利を儲け経済社会の秩序を保つことにあります。したがって出資法には罰則規定があります。「金利のグレーゾーン」とは，民事法である利息制限法の上限利率と，刑事法である出資法の上限利率の差分をいいます。

▶法定利率とは

利息制限法や出資法の利率は，関係者の契約であらかじめ決定しますので，約定利率といいます。この約定がない場合に適用されるのが法定利率であり，民事債権では５％，商事債権では６％となっています。

各法の上限金利

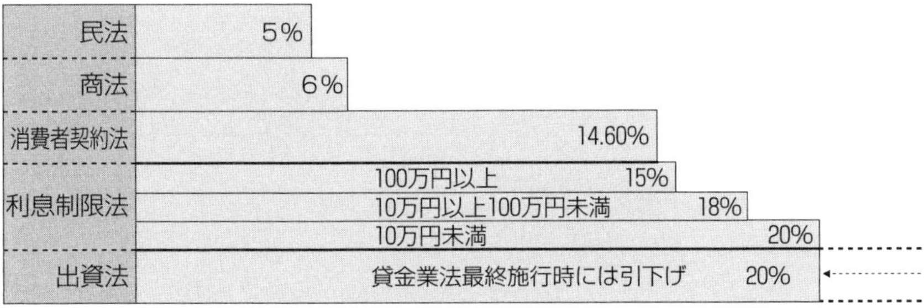

▶諸外国の利息制限と統一消費者信用法

韓国では利息制限を一旦撤廃しましたが，高利の貸金業者が大量に発生し，社会問題化したため，2002年に利息制限を復活し66%を上限としています。その後07年10月49%に引き下げられましたが，さらに49%から39%に引き下げる方針を固めています。

欧州をみてみましょう。ドイツは判例で市場金利の倍，フランスは法で市場金利の３分の４という上限金利が設けられています。イギリスには法律上の上限金利規定はありませんが，裁判所が「暴利」の判定権限をもっており，非暴利の証明は業者側にあります。

ただし，金利だけで各国の状況を単純に比較はできません。なぜなら，保証料，保険料・審査費・会費・明細書発行費・通信費などの各種手数料を，どれだけ金利に合算するかや，債務不履行のペナルティ，個人信用情報の精度，そしてセーフティネットなど総合的な見地からの判断が必要です。また，各国は消費者信用法規は統一されています。わが国にも消費者信用統一法典が必要でしょう。

B 利息制限と総量規制の組み合わせ

先進国で利息の上限を法で規制しているのは，フランスとドイツ，そしてイタリアです。一方，利息に制限のないのはイギリスとアメリカです。アメリカは州法で上限金利を規定している州がありますが，金利規制のない州に本店を構えれば全米にその金融商品を拡大できるので，実質的には上限金利はないといっていいでしょう（金利輸出の理論）。

▶総量規制と統一番号制度

わが国は，国民を統一の共通番号で「名寄せ」するしくみを持っていません。年金の納付記録問題をめぐって社会保障番号を導入すべきとか，定額給付金配布にまつわる収入判定などの事務の混乱から，納税者番号と社会保障番号を統一すべき，などの議論が起こりました。これらの「社会保障・納税者」番号問題は，すべて国民の個人を特定する統一番号をめぐる問題なのです。

個人の特定というのは，非常に困難な問題です。なぜなら，姓名や住所は容易に変えることができますし，生年月日も公的書類が無ければ証明することができません。そして，現在では性別ですら変更しうるのです。おそらくは，DNA鑑定が最も現実的な方法でしょう。

つまり，わが国では統一番号を持たないために，長期にわたり個人の情報を一本に集約するのは非常に困難な状況なのです。国民に大きな損失を与えた年金の納付記録問題がそれを実証することになりました。

わが国では，統一番号がないことと，複数に分かれていた個人信用情報センターの情報交流がありませんでした。多重債務の問題は起こるべくして起こったといえるでしょう。

▶総量規制と包括支払可能見込額の調査

総量規制の実現のためには，返済能力の調査が重要になってきます。現在の貸金業法には，資金需要者個々の借入総残高の把握と経時変化を見守ると同時に，緊急時の融資を別管理するなどの工夫が見られます。今後は，貸金業法の

利息制限法と総量規制

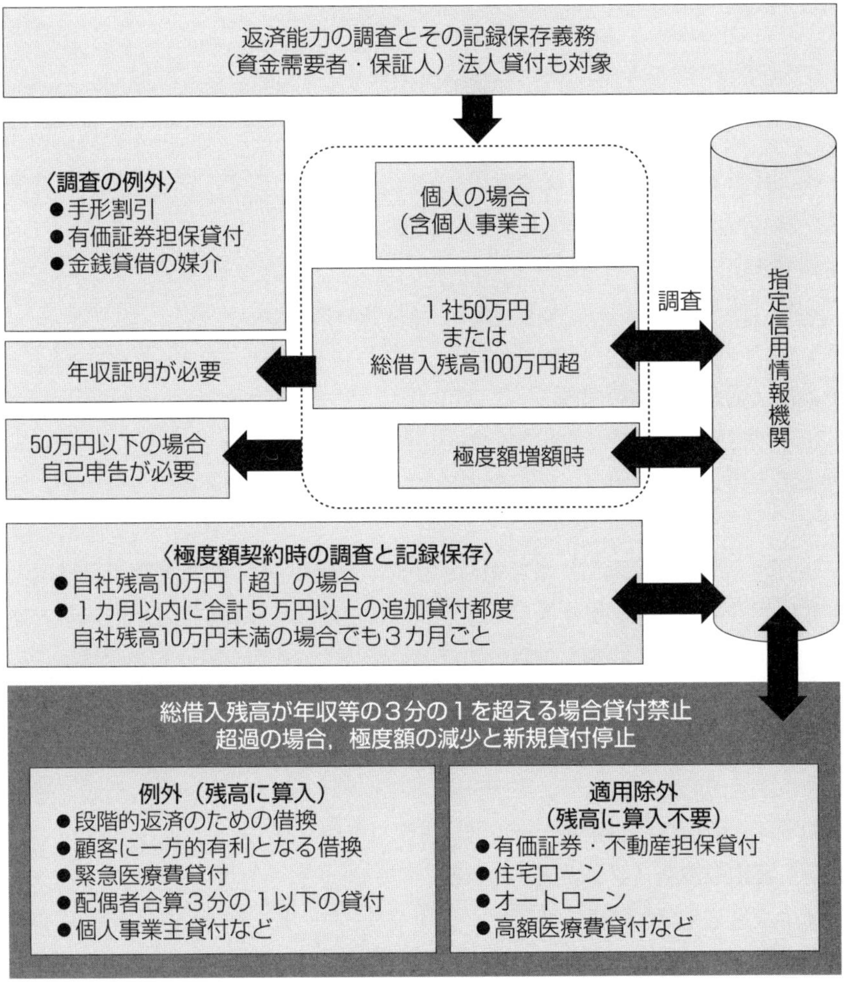

総量規制と割賦販売法による包括支払可能見込額をあわせたしくみが稼動します。ただし，2つの法規制には「保有資産」の反映や，海外旅行時の臨時増額などの調整項目があるものの，資金需要者からの申し出が必要であり，即時の対応など運用面で課題を抱えています。豊富な資産を持つ定年退職者の海外での現地通貨の引出し（貸金行為），利用限度額不足などの課題があります。

6 ビジネスチャンスをどう捉えるか？ ～資金決済法施行

A 業際競争を加速する資金決済法施行

2009年６月17日，第171回通常国会において「資金決済に関する法律（資金決済法)」が成立し，2010年４月１日に施行されました。

資金決済法は，金融審議会金融分科会第二部会にて，決済システムの安全性，効率性，利便性の向上について検討された報告書[6]を受けて作成されたものです。

▶為替（送金）業務の開放

主な内容は，これまで主に銀行のみに認められていた為替取引について，総理大臣の登録を受ければ，他の事業者でも行うことができるようになったことです。

銀行法２条２項２号にいう為替取引とは，「顧客から，隔地者間で直接現金を輸送せずに資金を移動するしくみを利用して資金を移動することを内容とする依頼を受けて，これを引き受けること，又はこれを引き受けて遂行することをいう。」[7]とされており，わかりやすく言えば現金を伴わない送金手段のことです。

資金決済法の成立により，電子マネーやクレジットカード，そして通信を扱う業態に，新たなビジネスチャンスが生まれます。

▶前払証票取締法（プリカ法）の収容

資金決済法のなかには，商品券，プリペイドカード，電子マネーの範囲拡大という改正も盛り込まれています。海外ではVisaやMasterCardなど国際ブランドを冠した国際プリペイドカードが発行され，無記名の汎用ギフトカードや，記名式の給与支払いカードなど，幅広い分野で利用されています。

国際プリペイドカードは典型的なサーバー型（プリペイド残高や付随情報を，通信回線上のコンピューターに保存する仕様）の決済スキームであり，資金決済法の成立で，初めて法律の裏づけができたことになります。

この国際プリペイドカードは，長らく利用されたTC（トラベラーズチェッ

資金決済法（金融庁ホームページから）

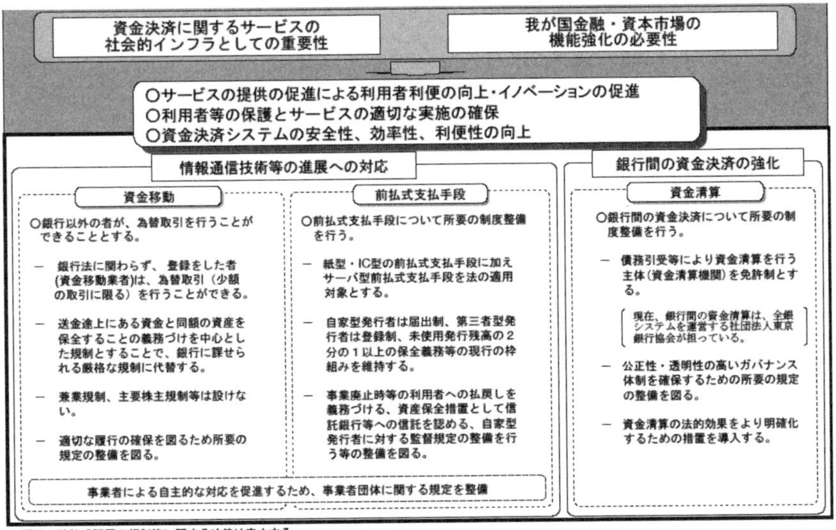

資金決済に関するサービスの
社会的インフラとしての重要性
我が国金融・資本市場の
機能強化の必要性
○サービスの提供の促進による利用者利便の向上・イノベーションの促進
○利用者等の保護とサービスの適切な実施の確保
○資金決済システムの安全性、効率性、利便性の向上
情報通信技術等の進展への対応
資金移動
○銀行以外の者が、為替取引を行うことができることとする。
－　銀行法に関わらず、登録をした者(資金移動業者)は、為替取引（少額の取引に限る）を行うことができる。
－　送金途上にある資金と同額の資産を保全することの義務づけを中心とした規制とすることで、銀行に課せられる厳格な規制に代替する。
－　兼業規制、主要株主規制等は設けない。
－　適切な履行の確保を図るため所要の規定の整備を図る。
前払式支払手段
○前払式支払手段について所要の制度整備を行う。
－　紙型・IC型の前払式支払手段に加えサーバ型前払式支払手段を法の適用対象とする。
－　自家型発行者は届出制、第三者型発行者は登録制、未使用発行残高の２分の１以上の保全義務等の現行の枠組みを維持する。
－　事業廃止時等の利用者への払戻しを義務づける、資産保全措置として信託銀行等への信託を認める、自家型発行者に対する監督規定の整備を行う等の整備を図る。
事業者による自主的な対応を促進するため、事業者団体に関する規定を整備
銀行間の資金決済の強化
資金清算
○銀行間の資金決済について所要の制度整備を行う。
－　債務引受等により資金清算を行う主体（資金清算機関）を免許制とする。
現在、銀行間の資金清算は、全銀システムを運営する社団法人東京銀行協会が担っている。
－　公正性・透明性の高いガバナンス体制を確保するための所要の規定の整備を図る。
－　資金清算の法的効果をより明確化するための措置を導入する。

・現行の前払式証票の規制等に関する法律は廃止する。

ク＝旅行小切手）の廃止に伴い，今後利用が拡大していきます。

▶発行保証金

紙の商品券や，図書カード，ICカード型や携帯電話の前払型電子マネーは，未使用発行残高の半額以上を発行保証金として供託することで，利用者保護の規制が為されていました。

今回の改正で，今まで利用者保護の制度が無かった国際プリペイドカードなど，ネット上で金銭データの管理を行うサーバー型電子マネーについても，同様の利用者保護が適用されるようになります。

この改正は，インターネットを経由するなどして，ICカード型電子マネーからサーバー型電子マネーに送金が行われた場合，利用者の認識がないうちに利用者保護が外れてしまう，という懸念に対応したものです。

B 個人間送金ビジネス

資金決済法により，電子マネーを扱う業者が送金サービスに進出することで，個人間の送金サービスの利便性が向上しています。資金移動業者の登録数は，2013年１月の段階で，すでに30社を超えています。

具体的にはPayPalなど，メールアドレスにヒモ付けされたサーバー型の電子マネーを利用して，自分の電子マネー残高から，相手の電子メールアドレスの電子マネー口座に送金するというサービスも実施されています。

クレジットカード発行会社も，カード番号や固有のID番号を発行して，カード会員間の個人決済サービスに乗り出す可能性が生まれました。その他，携帯電話を利用しての送金サービスも具体化します。

たとえば，携帯電話から別の携帯キャリアに加入している利用者への電子マネーの送金や，携帯キャリアによる海外送金サービスの提供なども可能になります。海外ではPaypalやウエスタンユニオンなど，銀行以外の事業者による個人向け送金サービスが，すでに成立しています。

▶進むボーダーレス

外国人労働者数は100万人，留学生も10万人の時代を迎えています。

現在，わが国の大手都市銀行からの海外送金手数料は，6,000円から8,000円程度かかりますが，海外送金大手MoneyGram（米）を利用して米国から韓国に1,000ドル送金する場合の手数料は，約16ドルです。

資金決済法施行をにらみ，海外決済事業者の日本進出に向けた動きも活発化しており，安価なサービスの提供が期待されています。200以上の国や地域に代理店を設けサービス展開しているウエスタンユニオン（米）は，日本でのサービスを開始しました。

また，Paypalのような決済事業者も，本格的に参入してきました。

今後数年間で，ますます送金サービスの競争が活発となり，今まで以上に安価で利便性の高いサービスが提供されることでしょう。

外国人労働者数の推移（厚生労働省職業安定局推計）

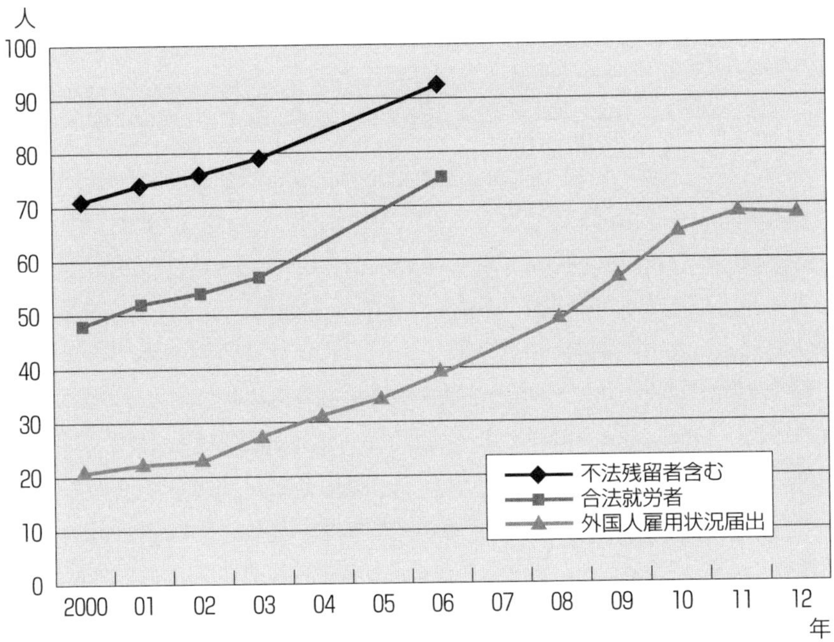

コラム

中世日本の取引先確認手段～割符（さいふ/わっぷ）

現在の郵便為替と同様に，発行者から割符を購入して相手先に送り，相手が受け取った割符を発行者に換金を要求して決済するしくみです。

それでは，非対面取引で重要な物品を知人に預け，見知らぬ第三者に知人から確実に手渡すために，知人と第三者の相互確認を行うにはどうしたらよいでしょうか？

最も簡単な方法が割符です。具体的には紙幣を半分に割き，各々半分を知人と第三者に持たせておけば現地で半分の紙幣の番号で照合することができます。

7 ICカード化待ったなし！

A ライアビリティシフト
～ICカード化を進めるための統一ルール

ICカードの規格として「EMV」があります。クレジットカードばかりでなく銀行キャッシュカードのICカードもこの規格を取り入れています。

なぜなら，クレジットカードやキャッシュカードといった金融決済にかかわるカードビジネスは，常にカード偽造などの不正使用の防止と，決済処理の利便性の向上が大きな課題だからです。

EMV規格に基づいたカードと加盟店端末のIC対応により，カードの不正利用は困難となり，カード会員とカードビジネス全体を保護することにつながります。

また，EMV規格採用により，決済の安全性を保ちながらICカードとICカード端末との間でオフライン処理を行うことが可能になります。オフライン処理は，カードの決済時間を大幅に短縮することにつながり，加盟店のレジ効率を向上します。

これからは決済の安全性と快適性を提供するために，イシュアは発行するカードのIC化を，アクアイアラーは管理する加盟店の端末IC化をすすめていく必要があります。これを，カード上のICチップと加盟店端末のPIN（暗証番号）入力から「チップ＆PIN」プロモーションとも呼ばれます。

当然のことですが，ICカード化はカードと端末の双方が揃って初めて有効になりますので，ICカード化はカード発行会社イシュアと，加盟店管理会社アクアイアラーとの協調が重要です。そこで，イシュアとアクアイアラー，そして加盟店，三者の取り組みを加速するためにライアビリティシフトが制定されました。

▶ライアビリティシフトとは

ICカード化などセキュリティ対策を講じた決済事業者から，セキュリティ対策を講じていない決済事業者に，カード不正被害の責任を転嫁（ライアビリティシフト）するルールです。

スワイプからPINへ

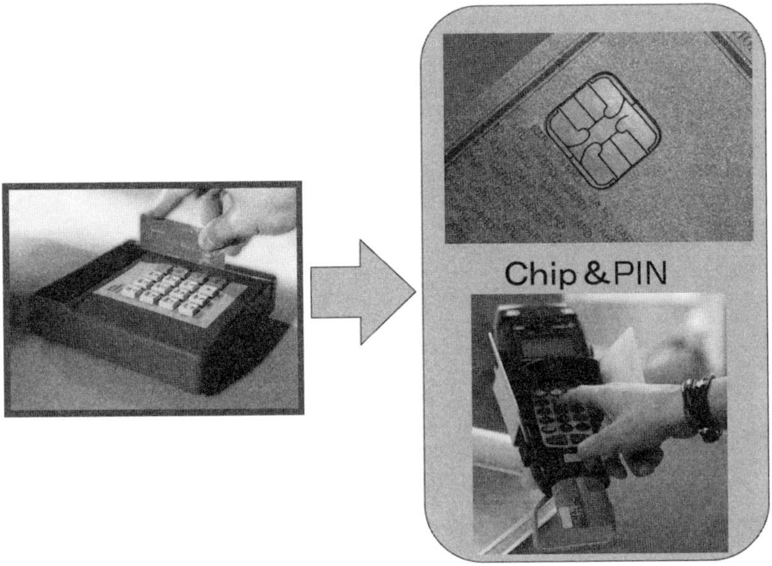

具体的には，ライアビリティシフトはチャージバック処理で実行されます。

チャージバック処理とは，カード取引において何らかの不正の疑いがある場合，イシュアがアクアイアラーに異議（不払い）申立てを行うスキームです。

そのなかでも，チップライアビリティシフトは，IC（チップ）化について強制的に不払い処理を実行するものです。

用語解説

イシュア…カードを発行する企業。

アクアイアラー…カードが使われる加盟店を管理する会社。カードの売上を加盟店に立替払いする。

B 早期対応が分ける決済ビジネス
～カード不正利用と法：カード犯罪は不正対策の遅れた国や企業を狙う

▶IC非対応アクアイアラーの場合

ライアビリティシフト実施時，ICに非対応のアクアイアラーでICカードが磁気端末（POS）で不正使用された場合，ICカードを発行したイシュアはチャージバック処理で被害から保護されます。一方，その被害はアクアイアラーの負担となります。偽造カードによる不正被害は，盗難紛失保険では補填されないだけに深刻な問題です。

▶IC非対応カードを発行し続けたイシュアの場合

ライアビリティシフト実施時に，IC非対応カードがIC対応加盟店で不正利用された場合は，IC非対応カードを発行したイシュアは，加盟店の瑕疵にかかわらず支払義務を負います。

▶カードに関連した不正使用とは

カードの不正使用には特徴があります。それは，セキュリティの甘いカード会社や加盟店が集中的に狙われるということです。

国際社会のICカード化はこう進む

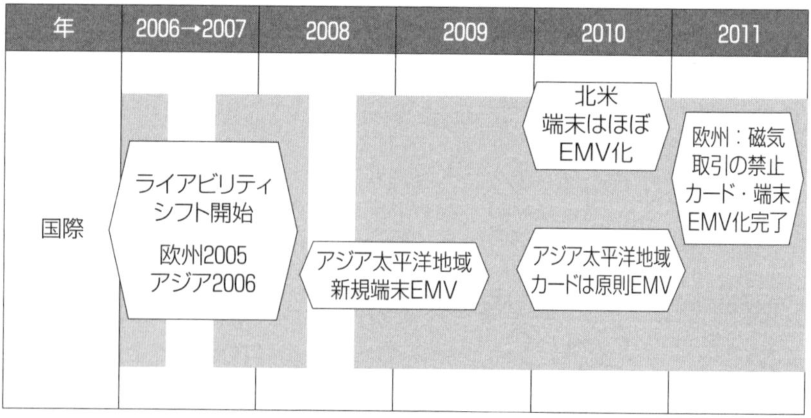
年
2006→2007
2008
2009
2010
2011
国際
ライアビリティシフト開始
欧州2005
アジア2006
アジア太平洋地域
新規端末EMV
北米
端末はほぼ
EMV化
アジア太平洋地域
カードは原則EMV
欧州：磁気
取引の禁止
カード・端末
EMV化完了

過去，クレジットカード伝票から得られた会員番号を偽造カードに転写するカード犯罪が多発しました。その対策として，磁気部分の暗号化を進めたのですが，導入が遅れた国やカード会社が集中的に狙われました。

ネットの普及に伴い，カード情報の漏えいと，偽造カードの作成と行使は，すでに国境を越えています。その対策として欧州から始まった決済カードのIC化は，アジア圏へと拡大しています。わが国のIC化だけが遅れると，日本はカード犯罪天国となりかねません。

国内は，イシュアとアクアイアラー，そして加盟店のICカード化に企業差が見られますが，カード犯罪は海外から流入してきます。

英国では2004年から2006年の４年間でIC化を実現し，効果をあげてきました。

北米では2015年から，世界全体では2017年を目標にEMV化が進んでいます。

▶消費者保護とIC化

消費者保護の観点からも，カード犯罪に向けられる目は厳しさを増すでしょう。それは犯罪そのものばかりではなく，ICカードへの対応が遅れたイシュアや加盟店にも向けられます。2015年から先進国のなかでEMVに対応していない国家はわが国だけになります。過去から，消費者のクレジットカードに関する不安は「カード犯罪」にまきこまれることです。業界，国をあげての取組みが必要です。

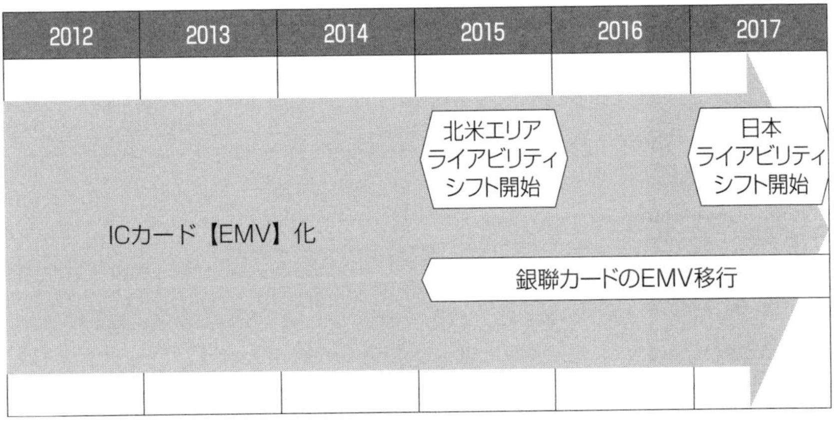

C ライアビリティシフトの適用範囲と課題

▶偽造は近年増加

英国では，ICカード化により紛失盗難被害は減少し，大きな効果が出ました。しかし，カード偽造犯罪は，ICカード非対応国での不正利用被害の増大により，2005年の8,000万ポンドから2008年２億3,000万ポンドへと増加しました[8]。

これは，カード犯罪が国際化することにより，オリジナルがICカードであっても偽造しやすい磁気カードで複製し，国外のIC非対応加盟店で不正利用された結果と見られています。

▶IC化，ライアビリティシフトの適用範囲

ライアビリティシフトには，国内適用と，国際ブランドの管理地域単位内での適用，そして，管理地域間取引適用の３段階があります。

▶国内適用（国内イシュア対アクアイアラー）

同一国内のイシュア，アクアイアラーの協議で進めます。英仏では，国内でのカード会社間での完全実施が決定しています。

▶管理地域内での適用（国対国）

国際ブランドでは，欧州，北米，アジア太平洋の管理地域があり，完全実施が進んでいる欧州と，それに続くアジア太平洋圏でライアビリティシフトが締結されています。北米圏では2015年から始まります。

したがって，欧州圏内の英仏間ではライアビリティシフトが適用され，同様に，アジア太平洋圏である日本と韓国間でもライアビリティシフトが適用されます。

▶管理地域間での適用（地域対地域）

2015年までは，北米圏を除き欧州圏とアジア太平洋圏で適用されています。北米圏はICカード化の遅れが見られますが，カードの有効期限が比較的短く，ICへの切替えが決定すれば一気に進む可能性を持っています。

一方，加盟店端末については，IC対応端末の低価格化が進んでおり，磁気と

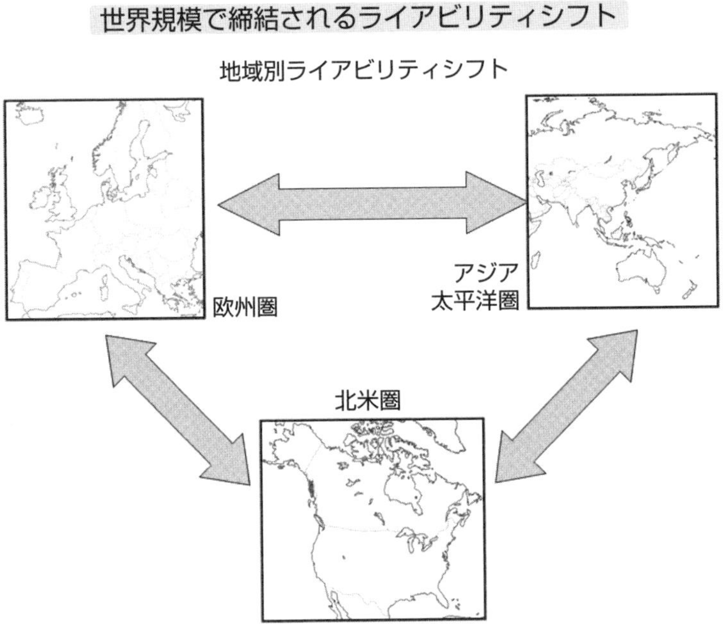

ICの両方に対応したスマートフォンカードリーダーが数十ドル程度で販売されるでしょう。

国内のカード端末は，わが国固有の支払方法に対応するために高機能であり価格も高価です。また，大型加盟店のPOSのIC対応が整っておらず，今後の課題となっています。

A カードビジネスには名寄せの精度向上がカギ

▶名寄せとは

日本語特有の「名寄せ」の必要性を具体的に見てみましょう。

たとえば「わたなべ」姓には渡部，渡邊，渡辺，渡邉の漢字表記があります。

クレジットにおいても，商品別に名寄せが不完全だと，同一人物がそれぞれ別の契約とみなされ，総量規制や支払可能見込額の正確な算定ができません。

具体的には，次のような場合です。

① Aシステム
個別割賦データ　ワタナベ　イチロウ S45.0101 （性別記号） 1
住所：ツクバシサクラ４－10－20

② Bシステム
クレジットカードデータ　渡邉　一郎 1970.01.01（性別記号） M
住所：筑波市桜４丁目10番地20号

③ Cシステム
融資データ　渡辺　一郎 1970.01.01（性別記号） O
住所：茨城県つくば市桜４－10－20

また，個人だけではなく企業データも

① Dシステム
テイーアイエス株式会社 東京都港区海岸１－14－５

② Eシステム
TIS　カード事業第二事業部 東京都港区海岸１－14－５

③ Fシステム
TIS.INC　本田　元 東京都港区海岸１丁目14－５

④ Gシステム
本田　元 1950.02.02 O 東京都港区海岸１丁目14－５　TIS竹芝ビル

などの表記があり，単純には名寄せができません。

データのゆらぎ（アグレックス社資料より）

AGREX データクレンジング・名寄せの必要性

こんなデータに心あたりはありませんか？

システム	氏名	生年月日	性別	住所
Aｼｽﾃﾑ	ワタナベ　イチロウ	S45.0101	1	ｻｲﾀﾏｼﾀﾞｲﾓﾝﾁﾖｳ5-5-5
Bｼｽﾃﾑ	渡邉　一郎	1970.01.01	男	埼玉県　大宮市　大門町５丁目　５－５
Cｼｽﾃﾑ	渡辺　一郎	1970.01.01	M	さいたま市大宮区大門町５－５－５

Dシステム　テイーアイエス株式会社　東京都港区海岸1－14－5

Eシステム　TIS　カード事業第二事業部　東京都港区海岸1－14－5

Fシステム　TIS.INC　本田　元　東京都港区海岸1丁目14－5

Gシステム　本田　元 1950.02.02 0　東京都港区海岸1丁目14－5　TIS竹芝ビル

このように，同一個人や企業が複数データに分かれて集約できない状態を解決するのがデータクレンジング「名寄せ」システムです。

B 消費者信用法と名寄せ

貸金業法の要求する信用情報の正確性を確保するための要件の１つが「名寄せ」です。わが国では，諸外国の社会保障番号などの統一個人IDが存在せず，個人情報の名寄せが困難という状況があります。「共通番号」の導入や，カードをめぐる法整備に伴い「名寄せ」の精度向上がますます重要となってくるでしょう。

割賦販売法には包括信用購入あっせんへの規制，支払可能見込額の調査条項があり世帯別に合算されます。

すでに，クレジットカードの発行枚数は2013年３月期では３億2,000万枚，ショッピング信用供与額は全体で49兆6,000億円を突破しており[9]，複数枚数所持の時代を迎えています。

また，一契約に対する家族カードの追加発行ではなく，同一世帯でも家族個々人ごとにクレジットカードの単独契約をしている場合もあります。つまり，厳密に世帯単位で支払可能見込額を算定するのであれば名寄せが必須の条件となってきます。

▶法制度と名寄せシステム

この名寄せシステムですが，現在に至るまで種々の法整備にしたがい金融業界で導入が進んできた経緯があります。

具体的には，合併・統合が繰り返された銀行業界のCIF（Customers' Information Files）構築やペイオフ対応をはじめとして，保険業界の契約データ統合，そして証券業界のデータ統合などです。

また，犯罪収益移転防止法施行による本人確認の厳格化や，割賦販売法に基づいた加盟店審査を行う場合，加盟店の役職員構成も過去の情報とマッチングする必要性があります。

それでは，過去の法整備に伴い金融業界に導入が進んだソリューションにはどのような製品があり，クレジット業界の名寄せに必要な要件はどこにあるの

名寄せの実際（アグレックス社資料より）

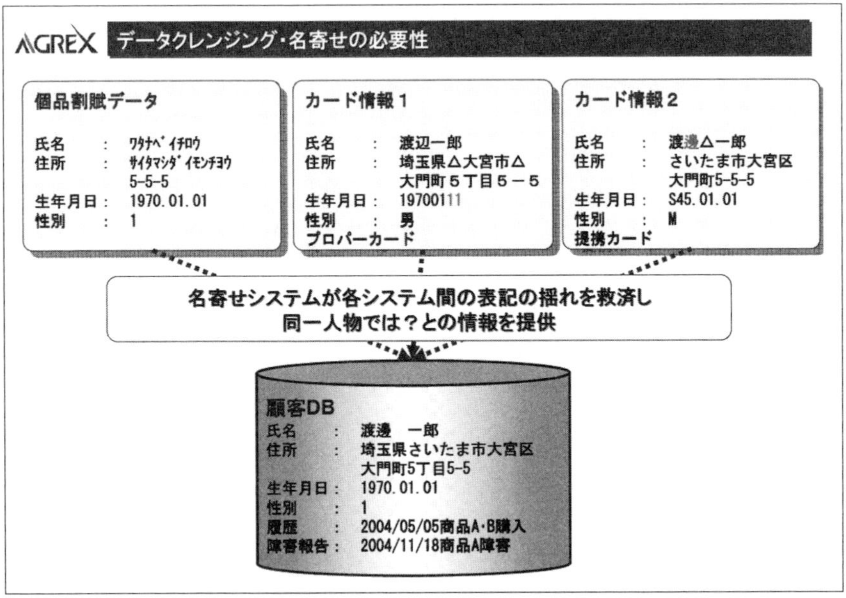
AGREX
データクレンジング・名寄せの必要性
個品割賦データ
氏名　：　ﾜﾀﾅﾍﾞｲﾁﾛｳ
住所　：　ｻｲﾀﾏｼﾀﾞｲﾓﾝﾁｮｳ
5-5-5
生年月日：　1970. 01. 01
性別　：　1
カード情報１
氏名　：　渡辺一郎
住所　：　埼玉県△大宮市△
大門町５丁目５－５
生年月日：　19700111
性別　：　男
プロパーカード
カード情報２
氏名　：　渡邉△一郎
住所　：　さいたま市大宮区
大門町5-5-5
生年月日：　S45. 01. 01
性別　：　M
提携カード
名寄せシステムが各システム間の表記の揺れを救済し
同一人物では？との情報を提供
顧客DB
氏名　：　渡邊　一郎
住所　：　埼玉県さいたま市大宮区
大門町5丁目5-5
生年月日：　1970. 01. 01
性別　：　1
履歴　：　2004/05/05商品A・B購入
障害報告：　2004/11/18商品A障害

でしょうか？

C アグレックス社名寄せシステム「トリリアム」に見る特長

名寄せとデータクレンジングツールとして，多くの実績を持つのが株式会社アグレックス（東証１部上場：東京都新宿区；http://www.agrex.co.jp/）の「Trillium」（＝トリリアム）です。

このソリューションは米国ハートハンクスデータテクノロジーズ社のワールドワイドなパッケージプロダクトであり世界で約1,500ライセンス，国内でも150社の導入実績を持つ名寄せシステムのデファクトスタンダードともいえる製品でしょう。海外製品の国内導入については，一般的に「日本語化」がなされるのですが，この製品の国内導入にあたっては，単なる日本語化ではないことが最大の特長といってよいでしょう。

わが国には，姓名，企業名，住所など日本語特有の多種類の漢字表記があり，古いシステムには「カナ」ベースのデータも存在するため単純な日本語化では対応が困難です。

▶カードビジネス「名寄せ」にはオンライン対応が必要

カードビジネスにおける「名寄せ」の特長として，オンライン対応と既存システムへの組み込みがあげられます。

一般的な名寄せ処理は，バッチ処理で行うことが多いのですが，クレジット業務は入会に伴う個人情報と，加盟店契約時の判定に伴う企業情報，および役職員情報を継続的に処理するためにオンラインが前提となり，かつ既存システムへ組み込む必要があります。

具体的には「名寄せ」システムを入会審査や加盟店審査システムに組み込むことで，各種データから名寄せに使う属性情報を抽出し，対応するデータを高速検索，その判定作業をリアルタイムで実行し常時更新することが必要だからです。

▶ポイントカードこそ名寄せが必要

ポイントカードは，入会が簡便で本人確認の精度も要求されないことから，

リアルタイムデータクレンジング（アグレックス社資料より）

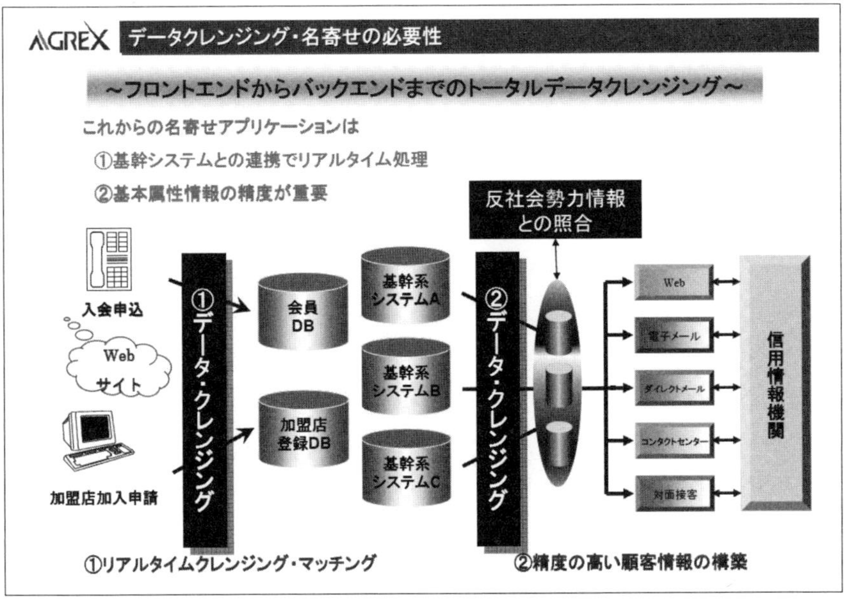

一個人に複数カードが発行される場合が多く見られます。カード導入が，マーケティングデータの収集分析を目的としているのであれば，データの統合が必須条件です。特に，クレジットカードを別途発行している場合，ポイントカードのデータをクレジットカードに名寄せすることが必要です。

用語解説

デファクトスタンダード…事実上の業界標準となっている状態をしめす。
バッチ処理…データをまとめて一括で処理する手法。

D 各法と「名寄せ」の関係

貸金業法16条４項には再勧誘の禁止条項があります。これは貸金業者が貸金の勧誘を行った際，顧客から拒否の申入れがあった場合，その後の勧誘を引き続き行ってはならないという内容であり，総合監督指針（Ⅱ－２－９⑴）には勧誘の定義として電話や個別訪問に限らず，電子メール，ダイレクトメールによるものを含むとあります。

ここで問題になるのが不特定多数への送付を想定した一般的な商品概要説明パンフレット類を（勧誘目的でないことを明記しても）郵送する場合ですが，指針パブリックコメント47には，「個別判断にはなるが該当するおそれ」があるとされていることです。

この場合のシステム対応は，データベース上に顧客別に再勧誘禁止フラグを立てるとともに，コールセンターのCTI（Computer Telephony Integration）に反映，さらにDM発送，個別利用明細書への印字などをコントロールする必要があります。

また，貸金業法21条１項２号には取立て行為の禁止条項があり，債務者が弁済し，または連絡し，もしくは連絡を受ける時期を申し出た場合，債務者に架電，FAX，訪問を行ってはならないとされています。

この場合のシステム対応もデータベース管理を基本としてCTI等で期限前の督促を防止する必要があります。

特に，経営統合等により複数の管理形態が並立している場合，データベースの統合もしくはリンクが必須となることは言うまでもありません。特に，注意すべきは取立て規制でしょう。なぜなら複数のブランドや融資商品が存在する場合，企業体が同一の場合はこの規制が適用されるからです。

そして，割賦販売法においては，「加盟店情報交換制度」や加盟店管理視点での加盟データ照合です。加盟店審査においては加盟店構成者の過去経歴が名寄せの対象となります。一般的な名寄せシステムではバッチ処理中心の運用で

法規制と「名寄せ」

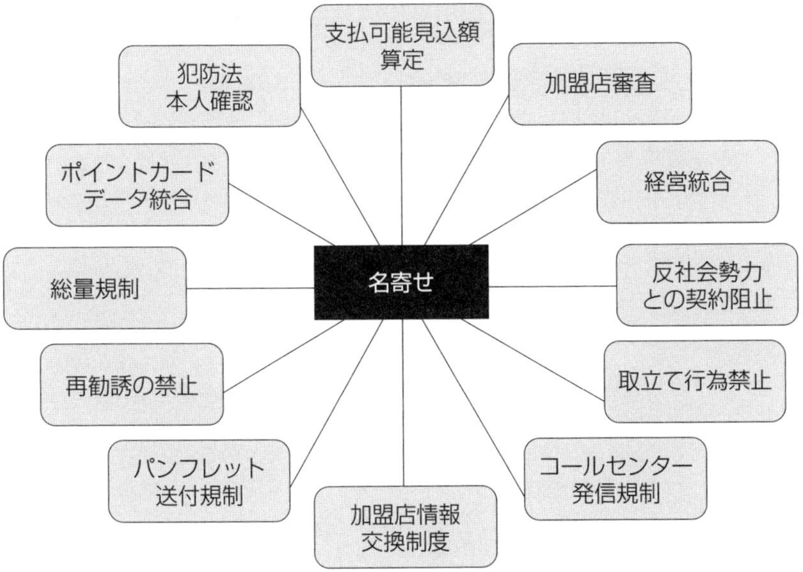

すが，これらの法整備が名寄せシステムに要求するのはリアルタイム性です。したがって名寄せシステムの導入については従来と異なったアプローチが必要となります。

コラム

クレジットカード発行の審査とは？

各カード会社によって審査基準が違います。

一般に流通系や提携カードの場合は，加盟店や店舗で入会者との結びつきが強く，付帯情報が多いので通りやすいといわれています。また，信販系は過去に個別クレジットでの利用がある場合がありますので，その際は過去の支払状況が判断基準となります。

▶発行されるのは

- すでにカードを持っていて，支払いにも遅れがない
- 新人であっても，大手企業に勤務（大手に入社しているということは，その会社が入社時に厳しく選別しているとみられる）

▶発行されないのは

- カードや個品割賦で過去に未払いがある（発券不可）
- 支払いが遅れがち（発券注意）

いずれも信用情報センターに登録されています。

▶まだカードを持っていない

一番判断が難しいお客様です。筆者が審査担当をしていたときには……

- 申込確認時の対応
- 申込書の字や押印が乱雑
- 印鑑が必要以上に大きく（9㎜以上）立派（虚栄心が強すぎると判断します）
- 年齢の割りに収入が非常に多い
- 一度に多くのカードを申し込んでいる（信用情報センターへの問い合わせ履歴が残ります）
- 職業が安定している（年収5,000万円の芸能人よりも，年収300万円の会社勤めのサラリーマンが「信用がある」と見ます。昔は特定の業種をあらわす隠語がありました。ちなみに米国では職業・人種・宗教による審査差別が法で禁止されています）
- 居住形態と年数（豪邸に２年しか住んでいないという人と，今にも倒壊しそうなオンボロアパートであっても，そこに10年住んでいたら，「10年オンボロアパートに住んでいる」人の方を，筆者は信用します）
- 連絡先が寮や携帯電話の時など
- ゴールドカードを持っている会員が一般カードを申し込んできた

などです。一般的にはスコアリングやビヘイビア手法を用いて点数化します。

第Ⅱ部
カードのビジネスモデル

✦

第Ⅱ部では各種のカードについて，ビジネスモデルの概要と特徴，ならびに抱える課題とその将来について解説します。

✦

A カードはなぜ増加し続けるのか？
～絹，穀からビットへの流れはとまらない

経済の成立と，その発展に伴う価値の交換や移動，つまり決済手段は，汎用性，保蔵性，携帯性，利便性追求の歴史といってもいいでしょう。

古代には，貝殻や貴石などの自然貨幣があり，そして穀類や布織物，農具，武具に代表される商品貨幣など，物品貨幣へと進化してきました。貨幣の「貨」には「貝」が，「幣」には農具をあらわす「巾」の部首があてられています。

そして時代を下ると，貝や巾を模して，金・銀・銅など，金属で鋳造された硬貨の時代を迎えます。

やがて，硬貨はその携帯性を向上させるため小型となり，中国では中央にヒモを通す穴を開けた「銭」となります。

その後，大量の硬貨の預かり証として，紙や羊皮紙などに価値を記載した，有価証券「為替・通帳」が発行され，印刷機の登場を迎え紙幣となります。

さらに，1900年代を迎え，有価証券の一種である金属プレートを経由して，プラスティックカードとなります。

そして，最終的には，カード上に磁気ストライプやICチップを搭載することになりました。

磁気ストライプやICチップの登場は，決済がカードというインターフェイスを介してシステム上で実行されることです。

このことは，価値の保存，交換手段がコンピューターの扱うデータの最小単位である「bit＝ビット」となったことを意味します。

現在の紙幣に代表されるキャッシュには，常に運用コスト「キャッシュハンドリングコスト」という課題が存在しますが，価値の「bit」化は汎用性，保蔵性，携帯性，利便性の最も進化した形といえるでしょう。

決済の歴史は利便性の追求

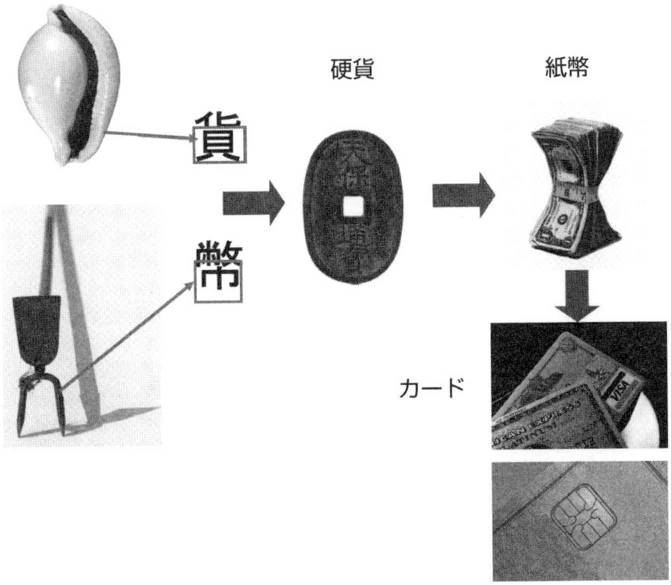

コラム

ICカードの普及で磁気カードはなくなる？

加盟店の端末がどう変わるかです。

国際ブランドは全世界にさまざまな加盟店を持っており，そのすべての加盟店でカードの使用ができなければなりません。たとえば，最も古いカード上の情報媒体としてエンボス文字があります。これは現在でもインプリンターで伝票を作成する際に用います。1961年から半世紀近い歴史がありますが，すでに国際ブランドはエンボスのないカードを認可しています。

磁気ストライプを読み取るリーダーからICカードを読み取るリーダーにすべて置き換わらなければ磁気カードがなくなることはありません。

磁気カードがなくなるというよりも，非接触ICの搭載などさまざまな情報媒体がどんどんカード上に追加されていくと考えたほうがよさそうですね。そのなかで，非接触ICを搭載した携帯電話やRFIDタグなど新しいクレジット媒体が利用シーンに応じて採用されてくるでしょう。

B これからの主流となるカードはどれ？

現在，国内外ではさまざまなカードが発行されています。

最も枚数が多いのがポイントカードで，毎年約３億枚が発行されています[10]。

決済機能を持ったペイメントカードとして，クレジットカードが３億2,000万枚[11]，ジェイデビットカードとしても使用できる金融機関等が発行するキャッシュカードが約５億枚[12]発行されています。

そのほか，非接触ICのFeliCa基盤を採用するSuicaやEdyそして，流通業が発行するnanacoやWAONなどの電子マネーがあります。

▶国際ブランド決済カードの種類

それでは，世界ではどのような決済カードが発行されているのでしょうか？

図表は，海外の大手金融機関が発行する国際ブランドを持った決済カードを一覧にしたものです。縦軸に消費者とカード発行企業の取引深耕度，横軸に消費者のライフステージをあらわしています。

海外の金融機関で発行される，国際ブランドを持つ決済カードには，プリペイド，デビット，クレジットがあります。その発行対象別に若年層カード，一般層カード，富裕層カードがあります。

さらに，プリペイドには記名式と無記名式があります。無記名式プリペイドカードは主に贈答用として使用されるギフトカードです。記名式プリペイドは給与支払などに利用されます。

▶共通アクセプタンスのもとで運営

海外，特に米国の決済カードにはVisa，MasterCardなどの国際ブランドアクセプタンスマークが付いています。つまり，決済全般が統一された国際ブランドのもとで運営されています。

また，海外で実施されている比較的新しい決済手段としては「仮想クレジットカード」「ネット個品契約」「ネットギフトカード」があります。

国内外の決済ソリューション

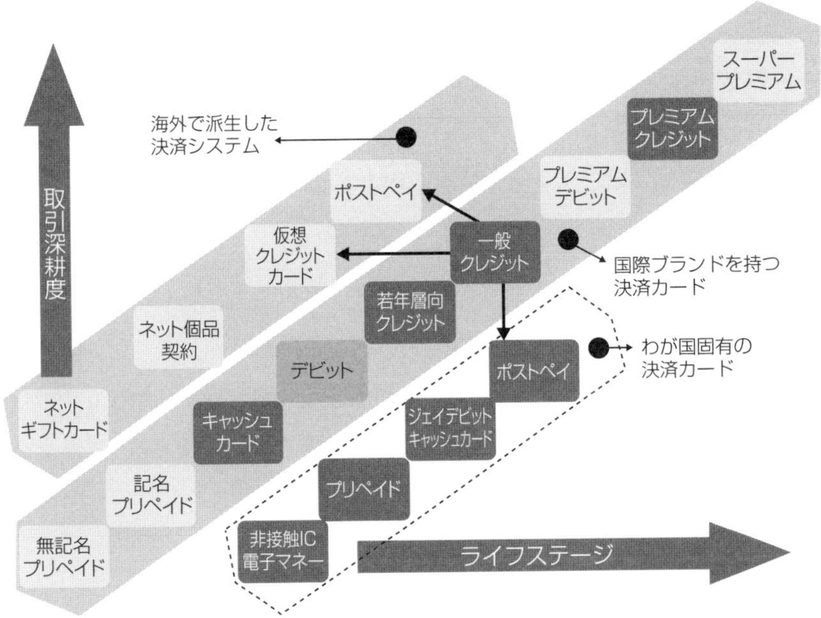
取引深耕度
海外で派生した
決済システム
スーパー
プレミアム
プレミアム
クレジット
プレミアム
デビット
ポストペイ
仮想
クレジット
カード
一般
クレジット
国際ブランドを持つ
決済カード
若年層向
クレジット
ネット個品
契約
デビット
ポストペイ
わが国固有の
決済カード
ネット
ギフトカード
キャッシュ
カード
ジェイデビット
キャッシュカード
記名
プリペイド
プリペイド
無記名
プリペイド
非接触IC
電子マネー
ライフステージ

2 ポイントカード

A 決済カードに匹敵する規模

▶年間発行金額は電子マネーやジェイデビットなみ

企業が発行するポイントは，大手だけでも8,000億円規模といわれますが，中小規模企業が発行するポイントを合算すると１兆円を超えるとみられます。

この規模は，電子マネーやジェイデビットなど，比較的新しい決済スキームと同等かそれ以上の規模になります。

しかも，ポイントは購入金額に対し１％から10％程度発行されますので，もとになる購入金額そのものは，はるかに大きく数十兆円と予測されます。家計最終消費支出は280兆円[13]ですからポイントの付く消費がいかに大きな割合を占めるかわかるでしょう。

▶これからの課題

もともとポイントカードは，商店街のスタンプ事業がそのベースといわれ，お得意様への謝恩や販売促進を目的としていました。

わが国では1960年前後には共通スタンプとしてグリーンスタンプやブルーチップが創業し，1981年にはアメリカン航空がマイレージプログラムを導入しています。

「ポイントサービス」という言葉自体は和製英語で，一般的にはLoyalty Program, Frequent Shoppers Program（FSP）または Frequent Flyer Program（FFP）と呼ばれています。

比較的小さな経費で大きな販売促進効果が見込まれると同時に，コンピューターシステムによる顧客の消費行動分析に活用できることから，現在の隆盛を迎えています。

しかし，発行する企業が「オマケ」という認識であるのに対し，受け取る消費者は「資産」と捉えるなどの認識の差が，消費者保護の視点から課題となってくるでしょう。

また，国際会計基準への対応や，他のポイントや電子マネーとの交換，そし

日本におけるポイント・マイレージの年間最小発行額の推測値

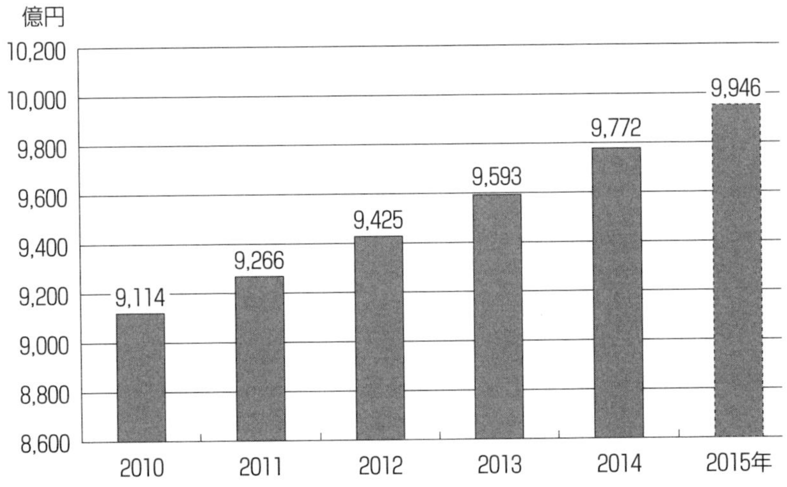

出典：野村総合研究所より

て資金決済法の施行によりサーバー型電子マネーとの境目があいまいになるなど，今後の課題を抱えています。

現時点では，金融庁，経済産業省とも法規制は見送っていますが，消費者保護の視点から，今後はなんらかの対応が取られるでしょう。

用語解説

グリーンスタンプ，ブルーチップ…商店などが顧客の購入金額によって発行する切手（スタンプ・チップ）。台紙に貼付して景品などと交換できる。

B 二者間発行 ハウスポイントカード

単一の企業ないしグループが消費者に発行するカードです。

カードの磁気などにポイント情報を記録する，オフライン型ポイントカードと，カードの磁気などに記録された会員番号をもとに，サーバー上のポイント情報を更新するサーバー型ポイントカードがあります。

また，オフライン型でも取引記録を，日時単位で送信してサーバー上のポイント情報を更新するオフライン・オンライン共用型があります。

▶オフラインポイントカード

磁気カードと専用のリーダーライターを使用して，システムを構成します。ポイントバリュー（価値）はカード上に磁気情報として記録されます。しくみが簡単なので導入が容易ですが，カードの紛失や磨耗によるデータ損傷で価値が失効する欠点を持っています。

データ失効を防ぐため，通信回線を用いて定期的にサーバーにバックアップをとるシステムもあります。

大規模となった場合，リーダーライターのメンテナンスコストが無視できない金額になります。

▶オンラインポイントカード

磁気カードやバーコードカードを用いますが，ポイントバリューは通信回線を経由してサーバー上に記録します。

サーバー上のデータを利用して，各種の分析が可能となるほか，１年間の利用を合計して，一定額以上の場合にサービスポイントを加算するなど，販売促進策の自由度が高まります。

そして，使用するカードの自由度も高く，カード素材が透明なクリアカードやキーホルダに付ける小型タグなどが使用できます。

また，インターネット上で完結する場合は物理的なカードは必要ありません。

ただし，特殊なカードを使用した場合には，他社との提携などで専用リー

多種類のポイントカード

ダーライターの導入にコストが発生します。

将来，他社との提携でカードが自社グループの範囲を超える場合は磁気カードは旧JISⅡ型磁気ストライプや，バーコードはJANコードなど一般的な標準仕様であることが必要です。

コラム

ポイント全額を負債計上する影響は？　Ⅰ

ポイント発行企業は「財務面」と「会計事務面(システム面)」で制度変更の影響による負担を強いられます。

まず，ポイント発行企業は，負債の「算出方法」と「性質」の変更によって，財務面の影響を受けます。新基準の会計処理では，ポイント関連負債の「算出方法」が将来のポイント使用額と失効額に基づいているため，現状の会計処理（将来のポイント使用額のみに基づく算出）に比べ，失効額分の負債が積み増します。

用語解説

旧JISⅡ型…プラスチックカードの表面にテープ状の磁気記録媒体を貼り付けたもの。国内で使用されるキャッシュカードが代表例。海外では，裏面に貼り付けるJIS標準型が基本。

C 第三者発行 汎用ポイントカード

▶事務局型ビジネスモデル

従来のグリーンスタンプやブルーチップなど，小売業の販売促進を行うことを目的としたスタンプ事業をベースとして発展してきました。いずれも，1960年前後に設立された比較的古いビジネスモデルですが，現在はポイントカードやインターネット上のポイントサービスに発展しています。

基本的には加盟店は事務局からポイントバリューを購入し，顧客の購入額などに応じてポイントを付与します。顧客は，貯まったポイントに応じ，事務局が発行するカタログやホームページから景品を選びます。ポイントバリューを事務局から加盟店が購入することが特徴です。

▶提携・価値交換型

当初，自社内のハウスポイントカードであったものが，他社との提携で，ポイントバリューを相互もしくは片道で交換するものとなりました。

カードを異なる企業の店舗間で相互に利用する場合には，カードの共通利用を図るため，汎用的な規格を採用しなくてはなりません。

また，店舗で使用するポイントカードのポイントバリューをインターネット上で交換する場合には，ポイントバリューがサーバー上に記憶され，リアルオンラインで，利用の都度更新されていることが必要です。

ポイントバリューは，消費者が買物の都度発生します。国際会計基準では，発行されるポイントは，値引き分＝預かり金という扱いです。

ポイントの交換条件は，提携する企業それぞれの発行するポイント価値により変化します。また，提携条件には，交換時のレートや手数料，交換タイミングなど詳細な条件を設定します。

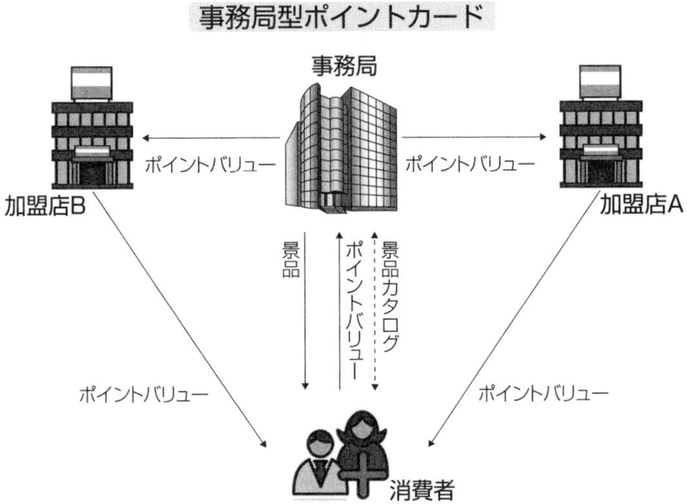
事務局型ポイントカード
事務局
加盟店B
加盟店A
ポイントバリュー
ポイントバリュー
景品
ポイントバリュー
景品カタログ
ポイントバリュー
ポイントバリュー
消費者

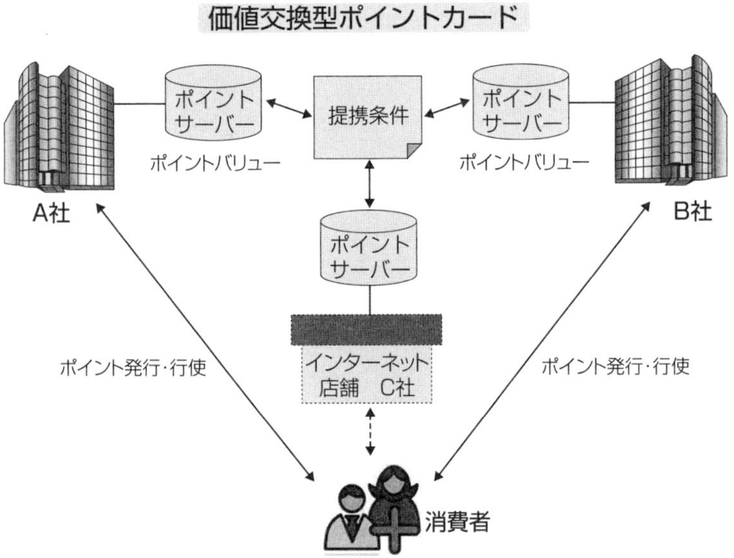
価値交換型ポイントカード
ポイントサーバー
提携条件
ポイントサーバー
ポイントバリュー
ポイントバリュー
A社
B社
ポイントサーバー
インターネット店舗　C社
ポイント発行・行使
ポイント発行・行使
消費者

D ポイントは景品か？
～ポイントに関する規制

▶景品の定義

景品表示法によると，

⑴ 顧客を誘引するための手段として，

⑵ 事業者が自己の供給する商品・サービスの取引に付随して提供する

⑶ 物品，金銭その他の経済上の利益

となっています。

▶景品の種類

大きく分けて，⑴一般懸賞，⑵共同懸賞，⑶総付け景品の３つとなっており，ポイントは総付け景品にあたります（右頁の表参照）。

しかし，自己の供給する商品または役務の取引において用いられる割引を約する証票は景品に含まないという除外規定があります。

したがって，ポイントは「オマケ」＝景品と捉えがちですが「値引き」を約する証票であり景品にはあたりません。

具体的には，景品表示法では売価の30%にあたる景品は違法ですが売価の30%にあたるポイントは法規制から除外されています。

同じ理由で，誕生日ポイント・来店ポイント・特定日の割り増しポイント・指定商品のポイント加算も「値引き」扱いとなり，景品表示法の規制対象外となります。

しかし，ポイントの行使対象が自社扱い商品となる場合は値引きですが，「おこめ券」など用途が限定される場合は景品表示法の対象となります。したがって，ポイント交換の対象先の扱う商品や役務が限定される場合には注意が必要です。

▶独占禁止法

20%を超える高率ポイントの場合，独占禁止法上の公正取引委員会，一般指定６項にある「不当廉売禁止規定」，つまり「供給に要する費用を著しく下回

景品表示法とポイントプログラム

景品としてのポイント＝景品表示法

景品とは，粗品，おまけ，賞品等を指すと考えられるが，景品表示法上の「景品類」とは，
(1)　顧客を誘引するための手段として，
(2)　事業者が自己の供給する商品・サービスの取引に付随して提供する
(3)　物品，金銭その他の経済上の利益
であり，景品類に該当する場合は，景品表示法に基づく景品規制が適用。

(1)　一般懸賞
- 総額規制：懸賞による売上予定総額の２％まで
- 個別取引規制：5,000円未満＝取引額20倍　5,000円以上＝10万円まで

(2)　共同懸賞（商店街等の複数事業者が行う共同催事）
- 総額規制：懸賞による売上予定総額の３％まで
- 個別取引規制：30万円

(3)　総付け景品（商店役務利用者，来店者への提供）
- 1,000円未満＝200円　1,000円以上＝20％まで（平成19年３月～）

※参考　クレジットに関わる総付け景品対象
入会時●クレジットカード＝入会金＋初年度年会費＋通常考えられる年間利用額の最低金額
●ローンカード＝入会金＋年会費＋年間利息合計で年間利用額の最低金額（不明時100円）
利用時●ショッピング＝利用額＋手数料
●キャッシング＝利息収入分のみで元本は含まない

※全体として規制緩和の方向
※重要なのは除外規定　通常「値引き」と認められる経済上の利益は景品類に該当しない（電子マネー，関連品など）
※新聞，雑誌，不動産，医療関連は別途制限，他に書籍販売などは業界別自主規制「公正競争規約」がある

る対価で供給する行為」に注意が必要ですが「先着順に提供」の場合は除外されます。

▶業界別制限

ポイントを発行する事業者として新聞，雑誌，不動産，医療関連は別途制限があります。

書籍販売などは業界別自主規制「公正競争規約」があるので注意が必要です。

E ポイントの抱える課題 ～IFRSへの対応

ポイントの抱える最大の課題は，2015年以降開始の可能性がある企業会計の国際会計基準統合です。国際会計基準（IFRS）では，ポイントの未行使残高はすべて「負債」として計上することが求められます。

▶バランスシート上は負債

1％程度の通常ポイントだけであれば，バランスシートへの影響は限定的ですが，誕生日ポイント・来店ポイント・特定日の割り増しポイント・販売奨励金原資の指定商品のポイントなど，販売促進を目的としたサービス加算ポイントを含めると無視できない規模となります。特に，ポイントの有効期限を長期化した場合，膨大な負債が詰み上がるおそれがあります。

▶ポイントデータは要素別に分類管理

これからは，通常ポイントと販売促進用サービスポイントは，データベース上分類して管理しておく必要があります。特にサービスポイントは，短期の販売促進策としての役割が期待されるため，有効期限を短く設定する必要があります。つまり，通常ポイント，サービスポイント，長期間の取引実績から算出するステージポイント等，データベースは要素別に３分割しておく必要があります。

▶値引きポイント

値引きとしてのポイントは「公正価値」の性格を強く持っており，競合対策として重要です。当然，買物の都度発行されますので取引付随性を持っています。したがって，常に一定の条件で付与される定時付与ポイントであり，いつでも一定の条件で行使できる随時行使ポイントといえるでしょう。

▶販促ポイント

サービスとしてのポイントは値引きではあるものの「景品」に近く販売促進策としての性格をもっています。したがって，来店ポイントなどは取引付随性が少なく，短期間に限定して付与され，行使期間も短縮したほうが販売促進の効果も大きくなるでしょう。対象となる商品や役務の限定も必要でしょう。

ポイントは値引きで景品ではない

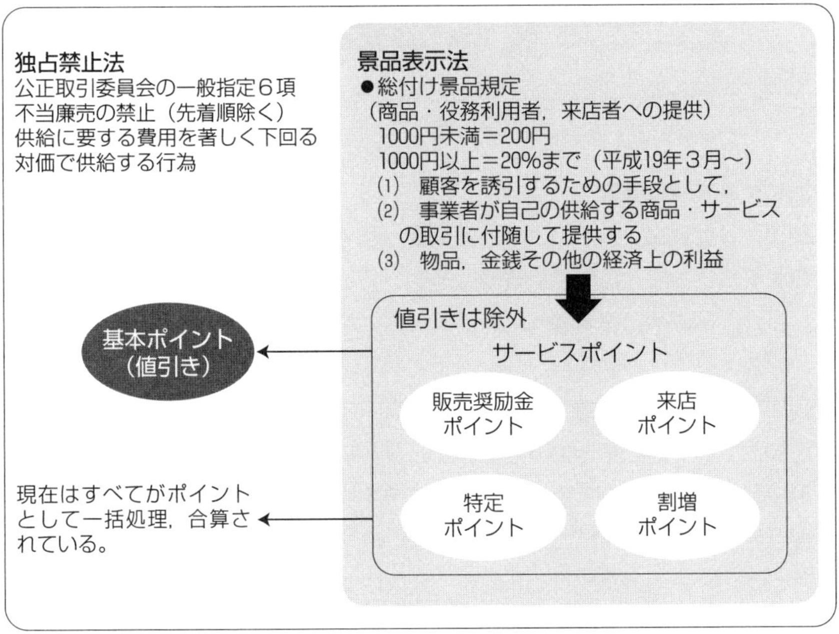

独占禁止法
公正取引委員会の一般指定６項
不当廉売の禁止（先着順除く）
供給に要する費用を著しく下回る
対価で供給する行為
景品表示法
●総付け景品規定
（商品・役務利用者，来店者への提供）
1000円未満＝200円
1000円以上＝20%まで（平成19年３月～）
(1)　顧客を誘引するための手段として，
(2)　事業者が自己の供給する商品・サービス
の取引に付随して提供する
(3)　物品，金銭その他の経済上の利益
値引きは除外
サービスポイント
基本ポイント
（値引き）
販売奨励金
ポイント
来店
ポイント
特定
ポイント
割増
ポイント
現在はすべてがポイント
として一括処理，合算さ
れている。

ポイントデータベースは３つに分類管理

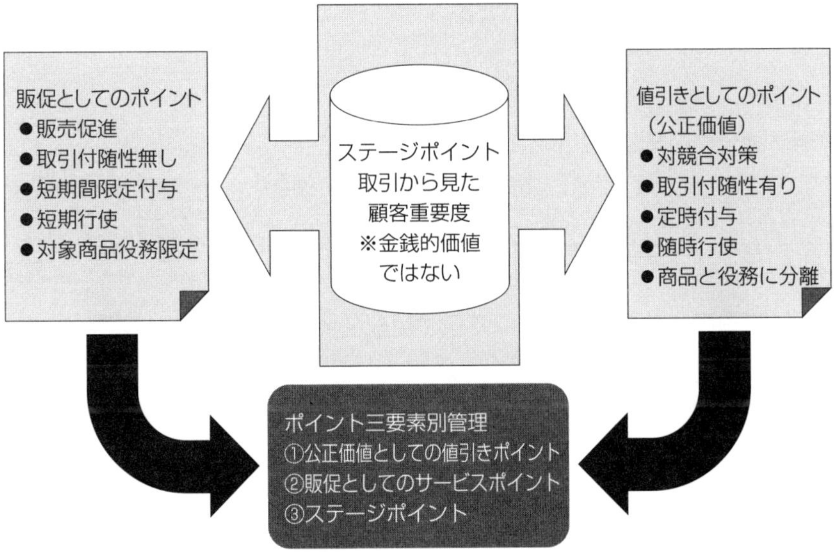

F これからは安易なポイント発行はできなくなるおそれが

▶ポイント規制の動き

2013年３月現在，金融庁，経済産業省（ポイントプログラムにはガイドラインを示す）ともに，法による規制は見送っています。

しかし，国際会計基準審議会（＝IASB：本部ロンドン）では，すでにポイントの会計処理について統一指針が示されています。

なぜなら，企業の活動がグローバル化し，企業の財務諸表が広域で使用されることとなり，会計基準の国際統合が必要となったからです。

ポイントは，世界中で広がりつつありますが，ポイントプログラムについては現在まで明確な会計指針が無かったため，新たに基準が作成されました。EU（European Union＝欧州連合）をはじめ国際会計基準を採用している国では，2008年７月以降の決算期から新しいポイント会計基準を適用しています。

▶新しいポイント会計基準の概要とは

1　売上を商品と役務に区分する。

2　ポイント発行分は売上に含めない。

3　ポイント発行分は全額負債計上

4　未行使分判定後売上計上

というものです。わが国の企業会計基準委員会（ASBJ）と国際会計基準審議会（IASB）は，2005年３月から開始している日本基準と国際会計基準※（IFRS：International Financial Reporting Standards）の融合（Convergence）を進めることを合意しており，これを「東京合意」といいます。

企業活動のグローバル化と会計基準

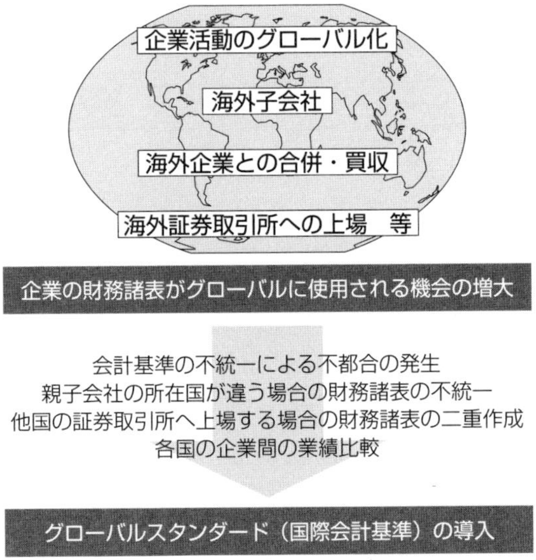

企業活動のグローバル化
海外子会社
海外企業との合併・買収
海外証券取引所への上場　等
企業の財務諸表がグローバルに使用される機会の増大
会計基準の不統一による不都合の発生
親子会社の所在国が違う場合の財務諸表の不統一
他国の証券取引所へ上場する場合の財務諸表の二重作成
各国の企業間の業績比較
グローバルスタンダード（国際会計基準）の導入

会計基準書統合への東京合意

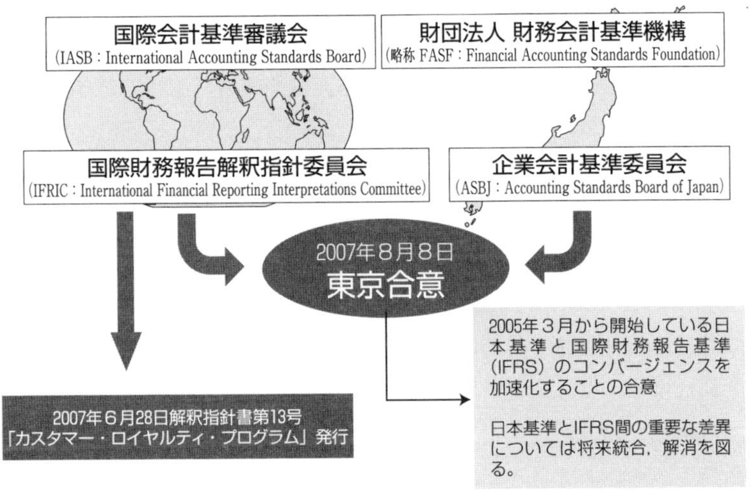

国際会計基準審議会
(IASB : International Accounting Standards Board)
財団法人 財務会計基準機構
(略称 FASF : Financial Accounting Standards Foundation)
国際財務報告解釈指針委員会
(IFRIC : International Financial Reporting Interpretations Committee)
企業会計基準委員会
(ASBJ : Accounting Standards Board of Japan)
2007年８月８日
東京合意
2005年３月から開始している日本基準と国際財務報告基準（IFRS）のコンバージェンスを加速化することの合意
日本基準とIFRS間の重要な差異については将来統合，解消を図る。
2007年６月28日解釈指針書第13号
「カスタマー・ロイヤルティ・プログラム」発行

※本書では，国際会計基準（IAS）と国際財務報告基準（IFRS）を含めて国際会計基準（IFRS）としています。

G 2種類のポイント解釈指針

▶2種類のポイント分類

このポイント会計処理ガイダンス，“国際財務報告解釈指針委員会　解釈指針書第13号「カスタマー・ロイヤルティ・プログラム」(＝IFRIC：International Finacial Reporting Interpretations Committee13 Customer Loyalty Programmes.)”によれば，ポイントプログラムを２種類に分類しています。

第１分類は，ポイント部分は最初の販売を確保するための付随費用とし，最初の販売時に認識される「販売促進費」とするものです。受取額はそれを全額計上し，ポイントの未払部分を将来行使されるであろう部分を負債として予測し計上する方法です。

そして第２分類は，受取額を最初に販売する商品や役務部分とポイント付与部分に明確に区分し，最初に販売する商品や役務部分の受取額のみ収益として認識します。一方，ポイントに区分された受取額については，顧客のポイント行使時，もしくは第三者との支払いを伴う交換や譲渡によってポイント債務を履行するか，ポイントが失効するまではその「公正価値」相当額を負債として繰延べるというものです。

今回の指針では，第２分類を取っています。

▶ポイントは公正価値

それでは，なぜこのような指針となったのでしょうか。それは，国際会計基準では会計上の「収益」の把握について，取引の実質を反映する必要がある場合，商品と役務，ポイント付与部分など，個別に認識可能な販売取引の構成要素を「分離して会計処理する」ことが求められているからです。

つまり，ポイントは「オマケ」の付与などではなく，販売者が顧客から無金利で預かった負債「公正価値」と認識しているからです。

ポイントプログラムの今日的解釈

■収益認識の一般基準である国際会計基準：第18号「収益」は，取引の実質を反映する必要がある場合，個別に認識可能な販売取引の構成要素を分離して会計処理することを要求している。
■負債の測定は販売価格に基づく。
■ポイントは顧客が黙示的に支払いを行う，個別に識別すべき商品またはサービスである。

■国際会計基準審議会　統一指針　2007年６月28日リリース

1．商品，役務に区分
2．ポイント発行分は売上に含めない
3．ポイント発行分は全額負債計上
4．未行使分判定後売上計上

国際会計基準採用国：2008年７月以降の決算期から適用

わが国でも統合に向けた調整が進む。

ポイントは「オマケ」の付与などではなく，販売者が顧客から無金利で預かった負債に相当する。

	売上会計処理	負債会計処理
ポイント発生	販売価格からポイント負債分を除外し売上計上	ポイント負債増
ポイント行使	ポイント負債減少分を売上計上	ポイント負債減
ポイント失効	ポイント負債減少分を売上計上	ポイント負債減
期末	処理なし	処理なし

H ポイントはオマケではなく公正価値

▶スタンプとポイントの混同

国際財務報告解釈指針委員会　解釈指針書第13号「カスタマー・ロイヤルティ・プログラム」ガイダンスの目的は負債計上の厳格化により，積算されるポイントを「公正価値」として認識し，会計基準の透明性を高めることにあります。

特に，わが国特有の他企業とのポイント交換は，電子マネーとの交換や口座への振込みなど「公正価値」としての側面が強く，今回の会計基準厳格化は大きな意味を持つことになります。

実は，わが国におけるポイントプログラムは，90年代の規制緩和によりスタンプ事業の大型店参入規制が緩和された結果，導入企業が増大してきたのです。

スタンプ事業は参加店舗がスタンプを事務局から購入し，消費者の買物金額に応じて交付しますので「オマケ」ともいえます。しかし，ポイントの原資は顧客との取引で発生しますので，国際会計基準でも「公正価値」と認識され，店舗はその原資を消費者から預かったとみなされます。

しかし，ポイントプログラムはスタンプ事業と似通っており，流通業における，長いセールスプロモーションの歴史のなかでは，比較的新しい販売促進手法といえるでしょう。

▶値引きとしてのポイント

このポイントプログラムですが，流通業界におけるセールスプロモーション企画の担当者は，常に「値引き」の誘惑と戦ってきた歴史があり，ポイントはその代替策としての側面を強く持っています。

流通業界においては，セールスプロモーション手法のなかで「値引き」企画は，最も安易な企画とされています。

しかし，営業現場からは常に「値引き」企画の要請が後を絶たないという現実もあります。

スタンプ事業のスキーム

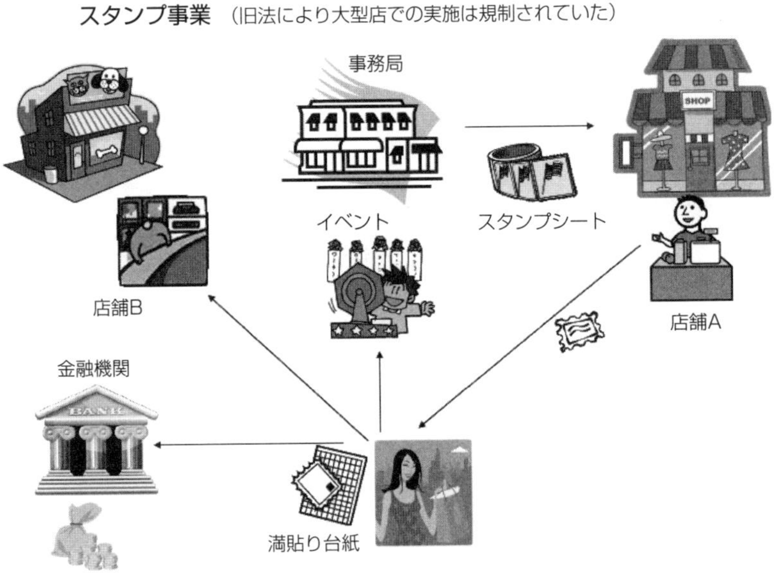

これは，値引き企画が広告媒体の訴求上，最も企画の市場浸透力が強く，一定の売上拡大が見込めるからです。

しかし，この値引き企画，経営的にみたときには，セールスプロモーションのコストパフォーマンスが著しく低いという課題を抱えています。

つまり，現在のポイントプログラムの隆盛は，単なる「値引き」型セールスプロモーションの逃げ口として，また，「カード」というツールが持っている各種のマーケティング機能に期待したことも要因でしょう。

I ポイント国際会計基準と経営

▶経営へのインパクト

ポイント会計処理の国際会計基準適合による，最大の影響は財務上の負担が増すことでしょう。ポイントの公正価値相当額の収益を繰り延べることが義務づけられると，負債として計上する額が膨らむと同時に，販売時点で認識できる利益が減ってしまいます。

たとえば，粗利益30%の商品を10万円で販売し，それには２%のポイントが与えられていたとします。

過去の履歴から想定されるポイントの使用率が50%とします。現在の会計処理の場合，売上10万円はそのまま買物の終了時点で認識され，３万円の粗利益が計上されます。

同時に，2,000円（＝売価10万円×２%ポイント）×50%＝1,000円分が引当金として負債に計上されます。

ポイントの引き当て損失まで通して考えると，その販売時点で認識できる利益は３万円−1,000円の２万9,000円となります。

しかし，解釈指針書第13号に従うと，10万円の買物のうち，将来使用される可能性のあるポイントの「公正価値」は，ポイントが実際に行使されるか，失効するかまで計上できません。

つまり，ポイントの「公正価値」を総販売額10万円の２%であると認識される2,000円とした時，買物終了時点で計上できる売り上げは10万円−2,000円の９万8,000円となり，2,000円が繰り延べられ，財務諸表上の負債として計上されることになります。

この場合，販売時点で認識できる粗利益は２万8,000円になります。

ポイント会計処理の変遷

第一段階（スタンプ処理）
事務局からスタンプ購入（販促費計上），使用時には現金部分売上計上
＋OR　スタンプ（クーポン）売上計上
年度内処理，公正価値としてのスタンプ

第二段階（現金主義）
ポイント使用時に販売促進費として費用計上するか，売上値引きとして売上高から控除して処理する方法
未実現費用としてのポイント債務

第三段階（発生主義・原価ベース）：「企業会計原則注解18」の引当金要件を根拠
算出したポイント使用率を現時点のポイント発行金額に乗じることで，将来のポイント使用金額を算出し，「ポイント引当金繰入（費用）」と「ポイント引当金（負債）」を計上する。また，将来のポイント使用金額がポイント失効等により減少した場合は，「ポイント引当金（負債）」を償却すると同時に，「ポイント引当金戻入益（収益）」を計上
算出根拠や算出方法の合理性に欠ける

	売上会計処理	負債会計処理
ポイント発生	販売価格全額計上	処理なし
ポイント行使	処理なし	処理なし
ポイント失効	処理なし	処理なし
期末	処理なし	増・減処理

第四段階	国際会計基準	負債会計処理
ポイント発生	販売価格からポイント負債分を除外し売上計上	ポイント負債増
ポイント行使	ポイント負債減少分を売上計上	ポイント負債減
ポイント失効	ポイント負債減少分を売上計上	ポイント負債減
期末	処理なし	処理なし

J ポイント会計基準とシステム

国際会計基準への統合は，システムにも大きな影響をもたらします。現在は原価ベースの「発生主義」がとられています。これは「企業会計原則注解18」の引当金要件を根拠としています。

これには「将来の特定の費用又は損失であって，その発生が当期以前の事象に起因し，発生の可能性が高く，かつ，その金額を合理的に見積ることができる場合には，当期の負担に属する金額を当期の費用又は損失として引当金に繰入れ，当該引当金の残高を貸借対照表の負債の部又は資産の部に記載するものとする。」とされ，売上割戻引当金がこれに該当するからです。

つまり，算出した過去のポイント行使率を現時点のポイント発行金額に乗じることで，将来のポイント行使金額を算出し，「ポイント引当金繰入（費用）」と「ポイント引当金（負債）」を計上する方法です。また，将来のポイント行使金額がポイント失効等により減少した場合は，「ポイント引当金（負債）」を償却すると同時に，「ポイント引当金戻入益（収益）」を計上するものです。

したがって，この計算処理は決算期に一度行えばよいのですが，国際会計基準はポイントの発生，行使，失効の都度データが発生するため，システム全体に大きなインパクトを与えることになります。

特に，わが国のポイントプログラムは提携関係が複雑であり，アライアンスを組む企業が常に変化するため拡張性の確保が必須となります。

また，方式面やインフラ面でも再構築が必要となってくるでしょう。

ポイントプログラム：国際会計基準対応システム要件

基本要件

- 大量データが高速に処理可能な方式の確立とそれに対応したインフラ環境の構築
  ※業態別に考慮が必要，特に飲食業
- アライアンス企業の増加等に応じた拡張性の確保
- システム拡張時の経済性の追求
- 24時間365日無停止稼動
- クレジットカードポイントは月次バッチ→現金ポイントとの統合は困難

方式面

- 高速データ処理の実現
- トランザクション数が無限に増加することを抑制する処理の実現
- 設定変更程度の作業によりシステム拡張が可能な方式の検討

インフラ面

- ハードウェアの追加によりシステム拡張が可能な構造の採用
- CPU性能の向上を随時，享受できる方式の採用
- 各構成要素（サーバ類，回線類など）の完全二重化

コラム

ポイント全額を負債計上する影響は？　Ⅱ

「計上タイミング」の変更によって，会計事務面の負担が増すと予想されます。

新基準では，ポイント発行企業はポイントを付与するたびに，毎回適正な公正価値を算出するように会計処理の変更が求められます。そのため，従来よりも頻繁に，詳細かつ大量の顧客データを管理するために，ポイント管理システムのプログラムを更新しなければならず，ポイントプログラムの運営負担（特にシステム負担）が増すでしょう。

ポイント発行企業は，顧客獲得等のポイントがもたらす効果を短期的・中長期的な収益性と比較したうえで，ビジネスを推進していくことが求められます。

K 変化するポイントプログラム

▶顧客満足と収益確保

優れたセールスプロモーション企画とは，顧客満足と収益確保をできるだけ低いコストで実現することにあります。

そして，そこに企画立案とそのノウハウ蓄積が企業の知的財産として集約されてくるともいえるでしょう。

ここでポイントカードの機能を２つに分解してみましょう。

１つは，「おまけ」など販売促進とマーケティングツールであり，もう１つは値引き代替ツールです。

ポイントプログラムが国際会計基準に適合することは，発行されるポイントが「公正価値」化することであり，限りなく値引きに近づくことを意味します。

▶ANAマイレージプログラムの変更

2009年にANAがマイレージプログラムの変更を発表しました。

それまでは，無料航空券として利用できるのが国内は一律に１万5,000マイルで，全ルートの場合は近距離では１万2,000マイル，長距離では１万8,000マイルと，距離に応じ必要とされるマイルが変わるというものです。

また，従来，繁忙期にはマイレージによる無料航空券の使用が制限されていたものが，すべての期間で利用できるとともに，閑散期には１万マイルからなど，少ないマイレージで利用でき，繁忙期には必要となるマイレージが増加するというものです。

他社差別化のための変更とも見られますが，ポイントプログラム国際会計基準への統合も見越しているのでしょう。

つまり，ANAマイレージクラブは「おまけ」としてのポイントから「公正価値」へのポイントへと大きく舵をきったことになります。

▶ポイント交換・値引ポイント・販促ポイント

ポイントプログラムには，値引きとしての側面とセールスプロモーション，

ANAマイレージプログラムも公正価値化

	旧マイレージプログラム	新マイレージプログラム
通用価値	全国１万5,000マイル	目的地の距離に応じ １万マイルから１万8,000マイル
通用期間	繁忙期は除く	全期間通用 閑散期は少なく繁忙期は多い

ポイントの３要素と法

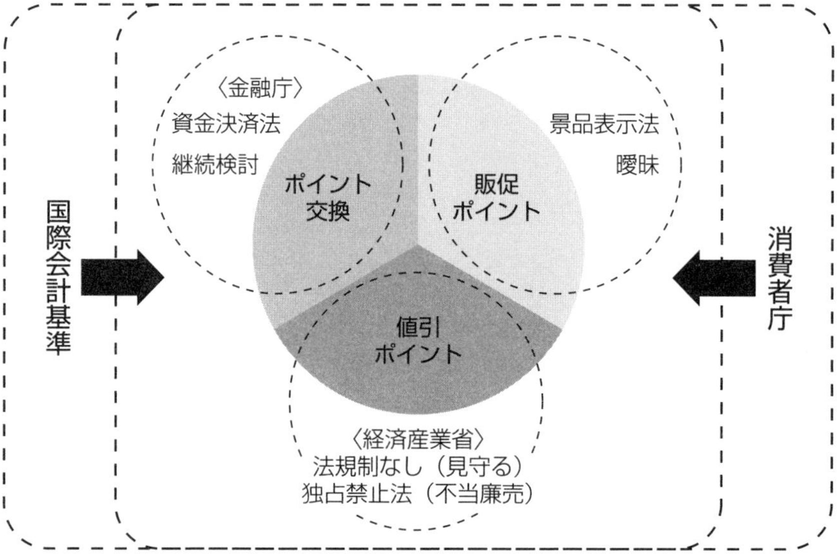

つまり販売促進（販促）としての側面があります。

それに加え，わが国で進化したポイント交換制度がありますが，経済産業省，金融庁ともに継続検討はするものの法規制にまでは踏み込んでいません。しかし，消費者庁や国際会計基準などによる新たな市場整備が行われる可能性があります。

L クレジットかポイントか？

マーケティング情報の収集には個人を特定するカードとシステムが欠かせません。

しかし現金での購入の際は，ポイントプログラムなど，顧客に対するインセンティブが無ければカードの呈示は望むべくもありません。

前述の国際会計基準適合により，マーケティング情報を収集するための現金ポイントプログラムには大きな戦略的見直しが必要になるでしょう。

一方，クレジットカードは決済のためのツールであり，キャッシュレス機能がカードの呈示を必然的に伴います。あわせて，クレジットカードは債権管理によって派生する，豊富なマーケティング情報収集とメンテナンス機能を有しています。

▶「カード＝マーケティングツール」という錯覚

さて，カードに期待されるマーケティング機能とはおおむね，精緻な顧客情報の収集と分析による顧客の固定化，売上の拡大，顧客の固定化，販売効率の向上といったところでしょう。

このようなカードへの期待は，90年代のポイントカード登場以前のクレジットカードによるところが大きいと思われます。

従来から，クレジットカードのマーケティング機能には高い評価がありました。そして，現金ポイントカードもクレジットカードと同様のプラスティックカードを使用します。

したがって，カードという媒体を導入すれば，本来クレジットカードだけが持つさまざまなマーケティング機能を，ポイントカードでもすぐに実現できるという錯覚に陥りやすいといえます。

１年間にポイントカードとして製造されるカード媒体は毎年３億枚[14]といわれます。日本の総人口から見ても，マーケティングの基本である「名寄せ」とデータの継続的な収集と統合に課題があるのは明らかです。

クレジットカードの顧客固定化

クレジットカードは購入頻度を高める

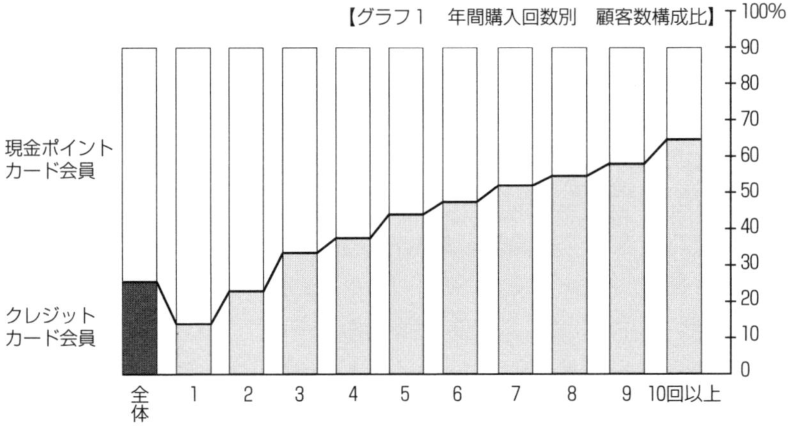

クレジットカードは購入金額を高める

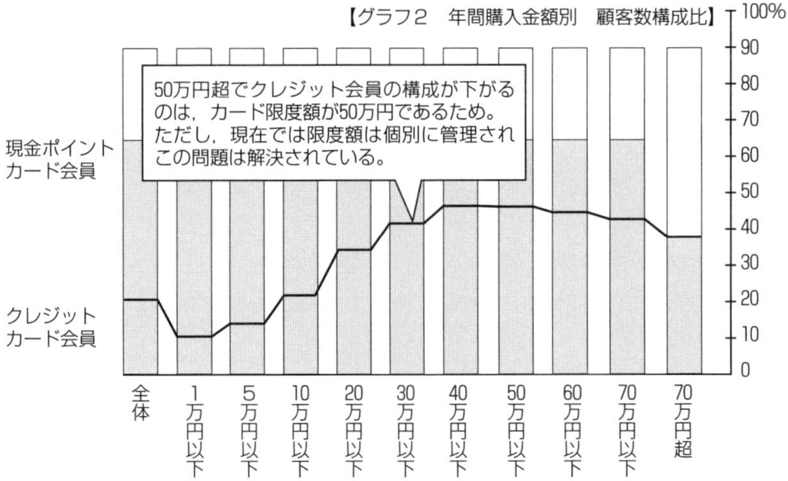

M ポイントか現金か？

大手企業でもポイントカードを導入せず，ポイントより現金値引きを標榜する企業もあります。

その理由として，以下の４点が挙げられます。

① 現金ポイントカードの顧客情報が正確に把握できていない

顧客情報の収集には，店舗にある各種の伝票や情報類を活用すればいいのですが，名寄せの問題もあり，十分には活用できていない状況があります。また，現金ポイントカードの申込みは簡便にすみますが，その反面，正確性やメンテナンスに限界があるのも事実です。

② 投資負担がかさむ

ポイントカードを実現するには情報システムが必要であり，レジや基幹システムの改修などコスト負担も大きくなります（そのコストを値引きで還元するほうがよい）。

③ 売り場効率の低下

カード発券やポイント交付や還元作業などで，余計な事務作業とレジ処理時間が発生します。

④ 不毛な競争

来店するだけでポイントを付与するなど，会員サービスに歯止めがかからない状態にもなり，ポイント割引は過当競争となる可能性があります。

そして，来店ポイントなどは，買っていただいた顧客の分で買わない顧客に奉仕することにもなります。

また，消費者庁の誕生で，見かけ上の高率ポイントと実際の値引きの差など，景品表示法にかかわる問題も注目されるでしょう。

なぜなら，ポイントで購入する際にはポイントが付かない場合が多く，この場合実質値引きはポイント表示を下回るからです。

ポイント行使時にポイントが付かない場合の実質値引き

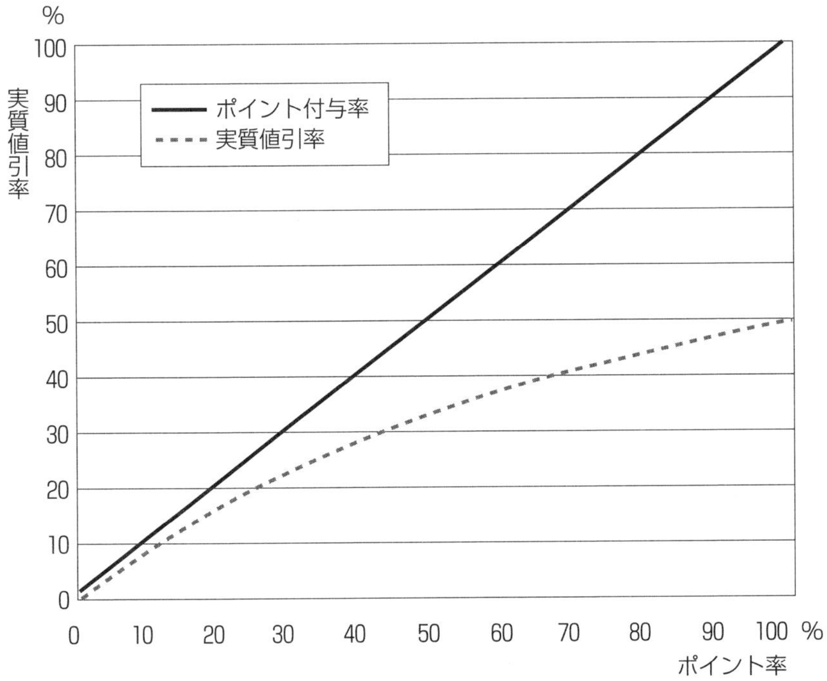

N カード端末がPOSレジを占拠する

経済産業省や金融庁，そして消費者庁でもポイントカードに関しては，ガイドラインはあるものの，法整備にまでは至っていません。

早晩，国内でも国際会計基準に準拠した整備がなされるとみられますが，リライトカード上にポイントバリュー（価値）を持つ方式では，その管理に限界が生じ，サーバー管理型に移行せざるを得ないと思われます。

中堅企業の発行するポイントカードは，薄型のリライトカードを使用したポイントカードが多く，1990年代初頭の規制緩和以降一気に普及が進みましたが，カードおよびリーダーライターのメンテナンスコスト，および非接触ICなど各種のカード処理端末登場による店頭設置スペース不足が大きな課題となっています。

▶クレジット・ポイント共用システム

現在，現金ポイントカードとクレジットカードを１台で処理するシステムが，首都圏の駅ビルで設置が進んでいます。

このシステムの特徴は，旧JISⅡ型の現金ポイントカードとクレジットカードを処理できる共用端末を使用することが特徴です。クレジットカード情報はクレジットカード回線へ流し，ポイントバリュー（価値）は自前のサーバーで管理するしくみです。

このシステムは現金ポイントカードとクレジットカードを１台の端末で処理するため，さまざまな利点があります。

▶使用するカードは最も一般的な磁気カード

このシステムは，クレジットカードや金融機関のキャッシュカードに採用されている旧JISⅡ型の磁気ストライプカードを使用します。特異なカード媒体や端末を使用することは，よほどの大手企業でないかぎりはお勧めしません。なぜなら，カードビジネスは長期の企業戦略ですから，使用するカードと端末には永続性が必要だからです。

ポイント，クレジット共用（ジィ・シィ企画資料より）

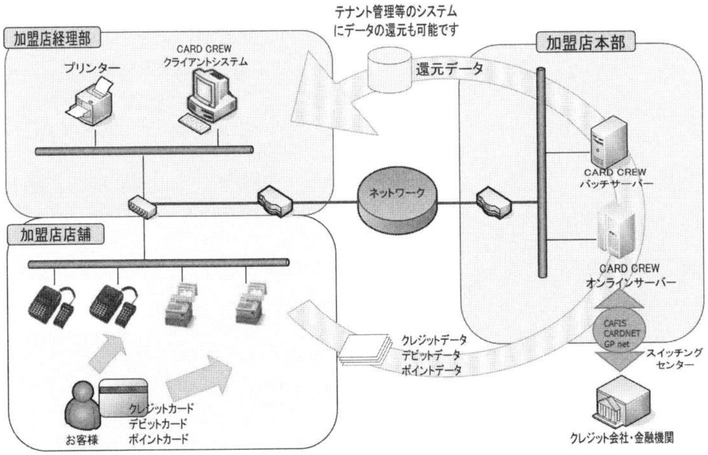

また，永続性はインフラ調達コストにも跳ね返ってきます。カードやリーダーライターが長期間大量に製造されつづけることは，調達コストの低下につながりカードビジネス上，重要なファクターとなるからです。

磁気ストライプカードを現金ポイントカードとして使用している場合，ポイントサーバーにポイントバリュー（価値）を移行すれば現行の現金ポイントカードはそのまま使用できるのも長所といえるでしょう。

用語解説

リライトカード…カード表面に，文字や図形を書いたり変更したりできるカード。

⓪ クレジットカードとポイントカードを1台の端末で

このシステムは，現在クレジットカード処理端末として実績のある端末に，現金ポイントカード処理アプリケーションを追加搭載した端末を使用します。したがって，現金ポイントカードだけではなく，一般のクレジットカードの処理が可能です。

サーバーへの接続は，商店街など小型店舗は公衆回線やINS回線，ショッピングセンターであれば構内LANへの対応が可能であり，導入する加盟店の回線状況により選択ができます。

端末のオペレーションは，クレジットカードであれば通常用いられるCTT端末（写真参照）と同様であり，それに現金ポイントカードの処理（カード即時発行と登録，加算，減算，ポイント行使，ポイント残高照会）が追加されます。

端末としての認可はCCT端末の機能付加型ではありますが，CCT端末として認可されていないため，加盟店独自設置のPOS端末と同様の扱いとなります。端末価格は1台あたり定価で16万円ですが，台数がまとまれば価格は下がるでしょう。

ポイント残高は，端末が印字するジャーナル上に表示されます。

最大の特長は，オプションで非接触ICリーダーライターを下部端末として接続することが可能なことで，現在は交通系非接触IC端末との接続実績があります。この場合，交通系カードの取引データは下部端末側で交信されます。

▶ポイントサーバー

サーバーの機能は，主にポイントルールの設定（付与ポイント率，倍額ポイント設定，ポイント催事の期間，蓄積上限ポイント，有効期限管理）を加盟店グループ単位管理，加盟店企業単位管理，店舗単位管理に行います。

また，ポイントサーバーは，JCNやCAFISなどクレジットカード処理ネットワークに接続され，クレジットカードとしての電文はカード会社に送られる

1台の端末でポイントとクレジットカード処理

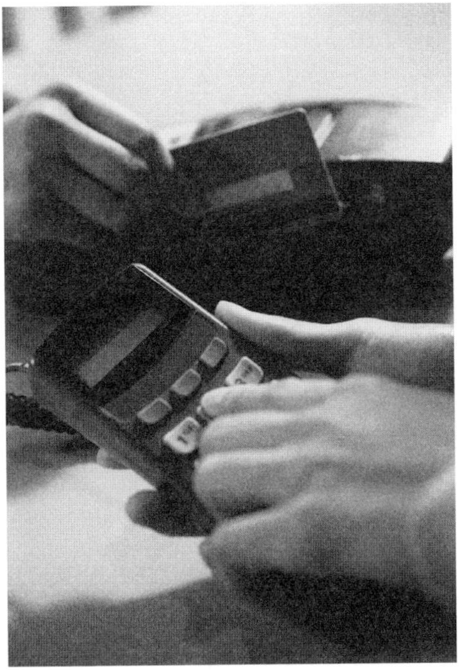

ため，現金ポイントや提携カード以外のクレジットカードも処理できることが特徴です。

また，提携カードのクレジットカード利用で発生するポイントを加盟店側に移行し，現金ポイント残高に合算することも可能です。

なお，このサーバー上にはセキュリティ上，顧客情報やカード情報は保持しません。

サーバー側コストは最小構成の場合，ハードウェアソフトウェア合計で1千数百万円から（端末，通信費用別）となっていますが，すべての処理がオンラインリアルタイムで処理されるため，加盟店の業種によってはサーバー側のキャパシティ設定に注意が必要です。

たとえば飲食業の場合，ランチタイムにはトラフィック（通信量）が一定時間に集中するため，回線およびサーバー容量には余裕が必要です。

P 消費者保護とポイントプログラム

国際会計基準とともに，消費者行政がポイントプログラムに与える影響もますます強まる傾向にあります。

特に，2010年に成立した資金決済法の目的には，サーバー型電子マネーの安全性と利用者の保護がうたわれています。

わが国のポイントプログラムは，他事業者とのポイント交換が特徴であり，その交換先に電子マネーがあることから，「オマケ」ではなく「公正価値」つまり「資産」との認識があるからです。

経済産業省から，2009年１月20日に「企業ポイントに関する消費者保護のあり方（ガイドライン）」が公表されています。

このなかでは，利用条件の告知基準などが示されていますが，ポイント発行企業に大きな影響を与えるのが，有効期限，そして利用条件の変更やトラブル対応です。

ガイドラインの内容は，消費者の保護が大きくうたわれており，「オマケ」よりも「資産」の保護に重点が置かれた内容になっています。

とりわけ，紛失時への対応が大きな影響を与えます。

なぜなら，ポイントカードは，サーバーにポイントデータ（価値）を保持するものと，カード上に「価値」を保存するものと大きく２種類に分けられ，カード上に価値を持つポイントはすべて，バックアップが必要となるからです。

従来，簡単な装置で導入が可能であったポイントサービスは，通信回線とコンピューターを結ぶという，決済カードに近いシステムが必要となってきます。

ポイントは「オマケ」から保護すべき「資産」へと変化しています。

ポイントプログラムとの関連

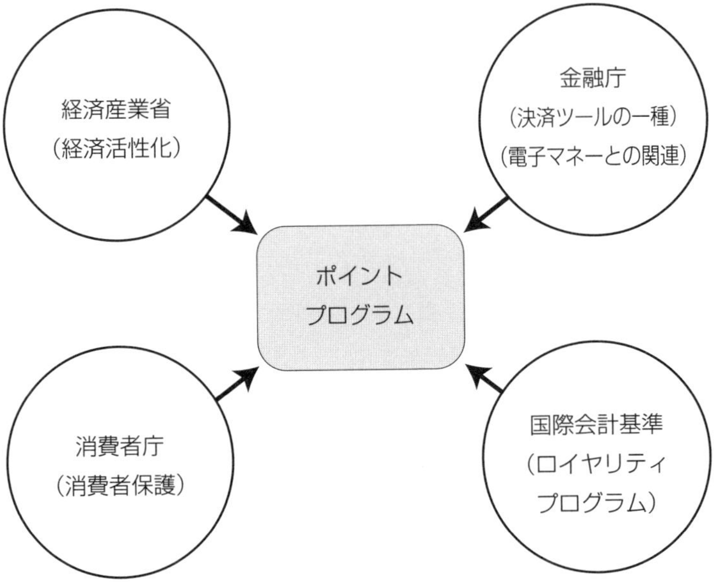

コラム

ポイント全額を負債計上する影響は？　Ⅲ

ポイント交換が広がりをみせ，データ交換がシステム負担となるなか，会計制度変更を契機として，ポイント発行企業は提携企業との間でポイント管理システムのインターフェース標準化や共同化を進める必要が出てきます。

大量の顧客データを短時間で効率的に交換できるしくみを構築することができれば，従来の負担と制度変更による負担を一挙に削減することも可能ではないでしょうか。

A 決済機能の付加でカードの情報機能は飛躍的に向上する

2011年のクレジットカードショッピングは約49兆円。家計最終消費支出が約280兆円であることから決済シェアは17.5%と，わが国の消費経済に大きな地位を占めています。

しかし，割賦販売法の改正，貸金業法の施行，資金決済法の施行や米国の金融法制，ICカード化など，2017年に向けてはクレジットカード業界は大変動期を迎えます。

カードは，単体で独自の価値を持つ有価証券の時代から，システムへのアクセスキーへと，その機能が進化してきました。

現在でもカード単独で機能を持つカードとして「免許証」「パスポート」などがありますが，近年では非接触ICを搭載しシステムと連携することによる高機能化が図られてきています。

このように，システムにおけるカードの主な役割は，情報システムへのアクセスにより実現する「情報支援機能」ですが，近年では各種の「決済支援機能」が大きな役割を占めつつあります。

それでは情報機能に決済機能が付加することによりどのような効果がもたらされるのでしょうか？

最大のねらいは，情報精度の向上にあります。いうまでもなく，決済処理のかなめは「正確性」と「個人特定」にあり，あわせて「高速性」も重要な概念です。

また，マーケティングにおいても，従来のマスマーケティングから，顧客個々の情報を集積，分析，活用するワンツーワンマーケティングの時代へとシフトしています。

つまり，カードに決済機能を付加することにより，「個」の特定が容易になり，その情報精度と速度は格段に向上します。

カードの決済支援機能

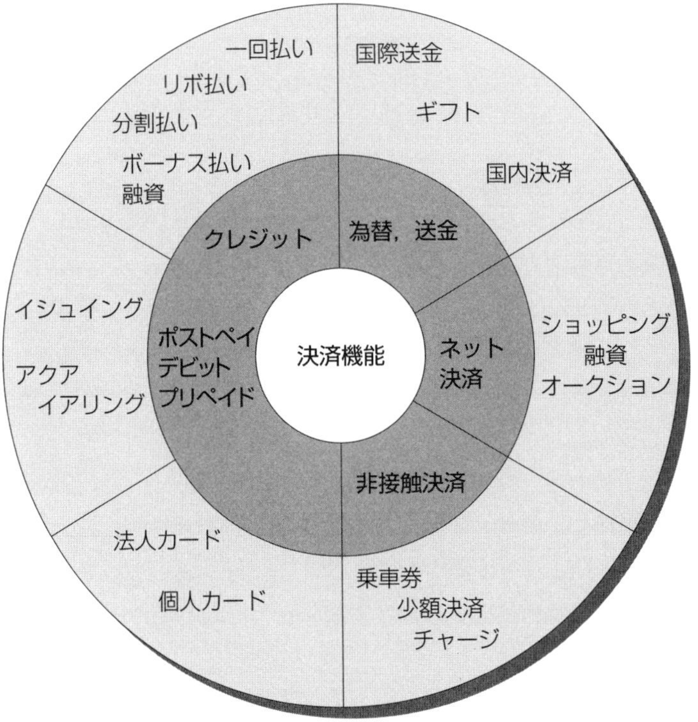

ところで，カードには決済機能を伴わないポイントカードがありますが，そのポイントカードは膨大な枚数が新たに発行されつつあります。

なぜなら，ポイントカードでは発行時に，免許証などによる個人の特定を厳密には行わなくてもよいからです。そのため，カードが同一個人に複数枚発行されることが多く，「名寄せ」やデータの「継続性」に難点があります。

したがって，ポイントカード発行企業の多くは，クレジットなどに代表される決済機能を自社のカードに付け，情報精度の向上を図っています。

B 個人情報の高度化個別化

▶カードが持つ7つの機能

カードがシステムのアクセスキーとして実現する基本的な機能とは「顧客情報の個別化と高度化」を実現することです。

もともとカードには，コンピューターシステムへのアクセスキーとしての役割以前に，個人情報や個人を識別するID番号を携帯しやすくするという役割がありました。現在，軍隊でも利用されているドッグタグなどの個人認識票がそれにあたります。

①UTILITY：利便性，つまり取扱いやすさの提供です。

②ACCURACY：正確性。プラスティックカードにはエンボス文字が打刻されています。これはカードを複写伝票に押し当てる（インプリントする）ことで，ID番号などの情報を確実に複数枚数の伝票に転載することを目的としています。

③FLEXIBILITY：融通性。カードはさまざまな規格の集合体です。物理的な大きさや厚さ，強度などをはじめとして，磁気テープの位置や帯磁性能，ICチップの仕様やその情報記録に関する規格など多岐にわたります。

そして，その規格に適合しているかぎり，対応するカード処理装置（リーダーライター）やシステムで使用できる融通性を持つことになります。

④SECURITY：安全性。認識票に必要なことは本人を証明する機能です。したがって偽造贋造対策が必要です。具体的にはクレジットカードなど決済カードは，ホログラム，微細印刷，潜像，特殊インクなど紙幣と同等の偽造防止技術が採用されています。また，ICチップには，物理的あるいは論理的に内部の情報を読み取られることに対する耐性があります。

そして，カードはコンピューターネットワークを介して，システムとつながることにより，磁気テープの暗号処理，ICチップの認証など，システム全体で安全性を保っています。

カードの顧客情報管理機能

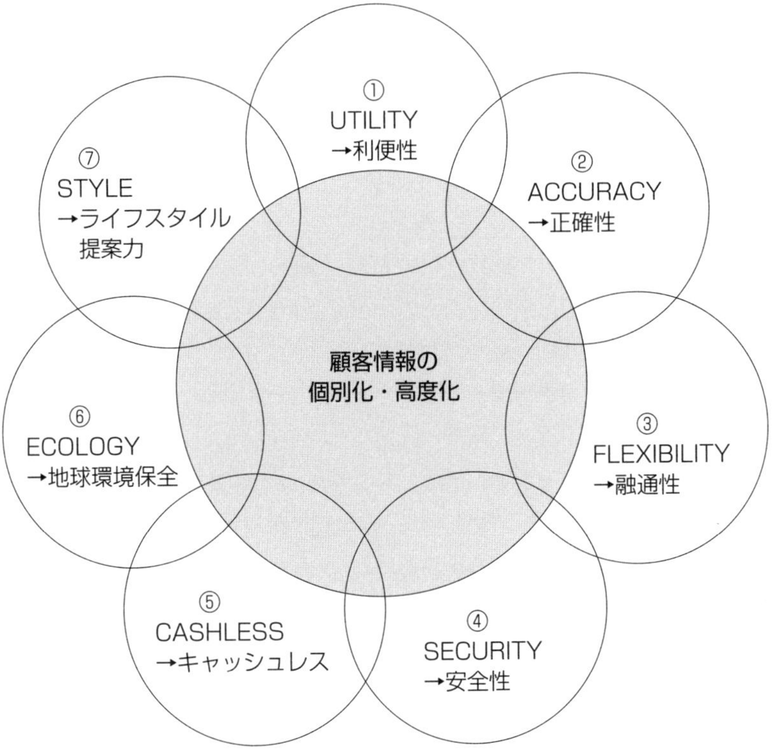

⑤**CASHLESS**：キャッシュレス，貨幣は広い汎用性を持っていますが，その取扱いに関するコストが現在大きな課題となっています。貝殻や農具などを模した古代貨幣から現在の紙幣まで，貨幣の歴史は利便性向上の歴史ともいえます。

カードは貨幣を介さない最も効率的な電子決済媒体です。決済が電子化することにより，従来の伝票やさまざまの物理的移動手段が排除されるため，⑥**ECOLOGY**につながります。

⑦**STYLE**：ライフスタイル提案力。クレジットカードと貨幣の最大の違いは，クレジットカードには匿名性がないことです。言い換えればカードは個人を特定するツールですから，得られた個人情報をさまざまなマーケティングに結びつけることができるのです。

C カードビジネスのシステムコンセプト
～商品情報と顧客情報のミックス

カードシステムの狙いが個人情報の個別化高度化にあるように，POSシステムの狙いは商品情報の単品化と高度化にあります。POS情報を最も高度に利用しているのはコンビニ業界といえるでしょう。

一方，最も精緻な個人情報を持っているのが行政機関であり，ついで信用情報を持つクレジット会社や金融機関です。

▶固定情報から変動する情報へ

個人情報といえば，氏名，性別，年齢，生年月日といったものがあげられますが，いずれも固定情報です。それに対し住所や勤務先，年収といった情報は変動情報といえるでしょう。マーケティング活動においてはこの変動情報に加え，消費行動をいかに補足するかが重要になってきます。この点において銀行など金融機関は最も優位にあるといえます。なぜなら，給与，水道光熱費，学費などの変化を取引口座を通じて把握することが可能な立場にいるからです。ただし，得られる情報の目的外利用には制限があります。

一方，クレジット会社ですが，クレジットカードショッピングには商品の購入と決済が伴いますので，カード利用そのものが貴重なマーケティングデータとなります。

誰が，いつ，どこで，どんな方法で，何を，何と，いくらで，次には何を買ったのか，など，次々と変化する消費行動をカード利用データで補足することが可能になります。

限られた情報から消費行動を「推測」するよりも，カードから得られる個人情報にPOSから得られる単品情報を組み合わせ，消費行動を具体的な「事実」として積み上げるのがカードマーケティングなのです。

顧客情報＋単品情報＝マーケティング情報

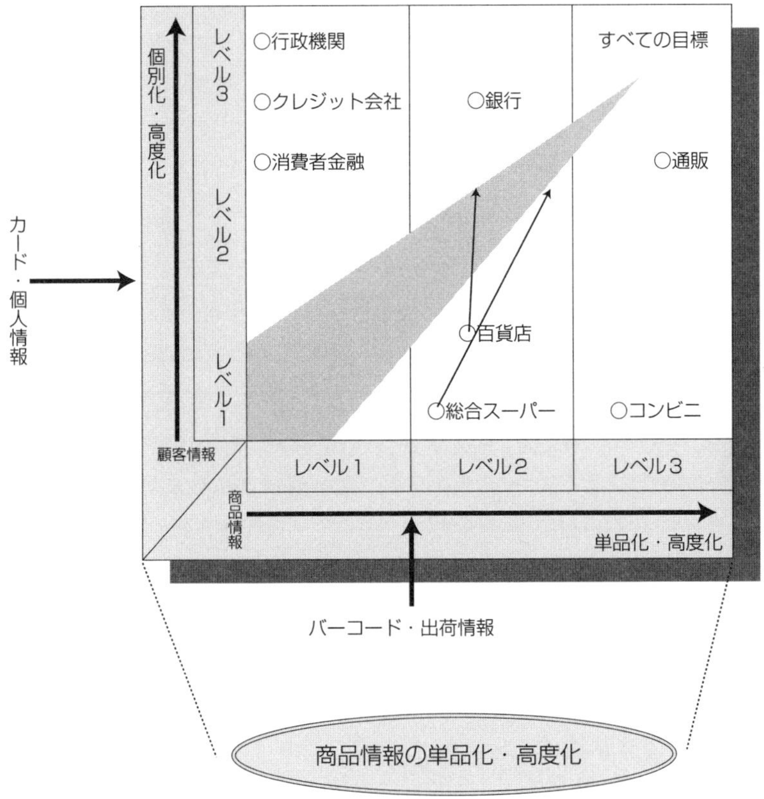

用語解説

POSシステム…百貨店やスーパーなどのレジで，購買時点の情報を処理する端末。商品のバーコードを読み取ったり，現金やカード決済を行う。

D 情報ツールとしてのクレジットカード

▶正確な情報を得るには

さて，カードの発行において重要なのは，いかにして正確な情報を多岐にわたって収集し，それをメンテナンスしていくかにあります。

カードといえばポイントカードがありますが，顧客情報管理の正確性には限界があります。なぜなら，カード発行に必要な入会申込書の記載事項についてエビデンス（裏付：証拠）が取れないからです。また，記載項目についても完全記入の保証はありません。記入項目は多岐にわたっていても，申込書の記載項目が未記入の状態でカードが発行されては意味がありません。コンピューター業界にはGIGOという言葉があります。これはGarbage In Garbage Out = ゴミを投入してもゴミしか出てこないことを指します。

その点で，申込書の記入内容が審査に直結するクレジットカードの情報精度は優れています。たとえば，貸金業法や割賦販売法の定めにより収集された年収情報が，極度額やカード利用限度額の設定に反映されます。

▶情報のメンテナンス

そして，クレジットカードの特長は，情報のメンテナンス機能が優れていることでしょう。

ポイントカードの場合は，会員が登録内容に変化があったとしても会員が自ら申し出てくれるとは限りません。

たとえば住所変更，年間の転出転入は地域によっても差がありますが，概ね人口の５％～７％程度です[15]。つまり，住所情報は数年経過すると10%以上が変動します。クレジットカードは請求書をはじめとしてさまざまな郵送物が発送されますので，転居に伴う宛先不明も顕在化します。請求書は電子メールやホームページに移行しつつありますが，クレジットカード会社は提携先も含め，さまざまな連絡物やダイレクトメールを発送する機能を持っています。また，有効期限の到来に伴うカードの再発行が行われますが，この場合リスク管理の

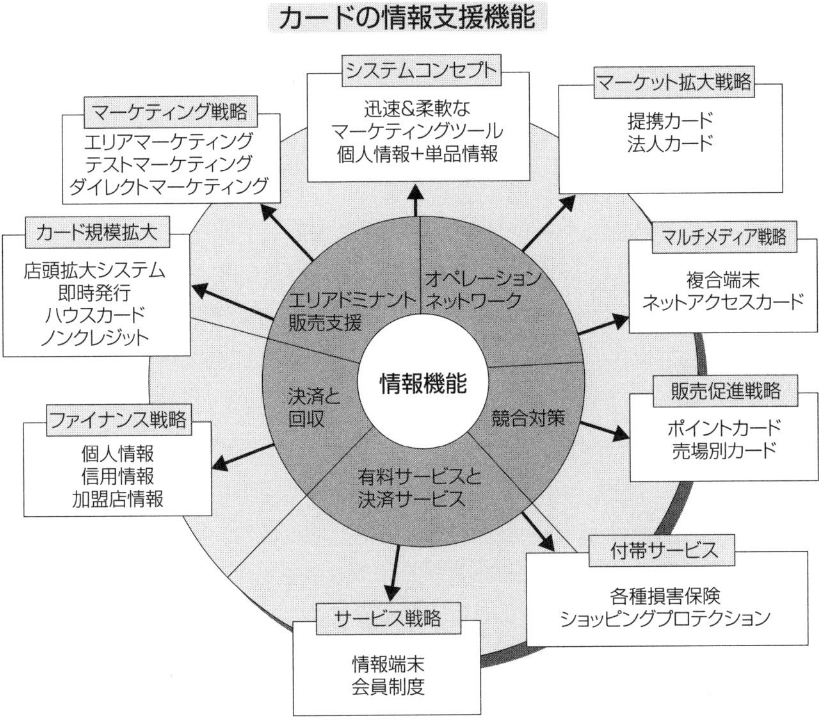

観点から「転送不要」となり転居の場合はカード会社に返送されます。

ポイントカードの場合は転居先の追跡は不可能ですがクレジットカードは，勤務先など，複数の連絡先情報を持っていますのでポイントカードに比べて追跡が容易です。

E 企業戦略とカード

カードの基本戦略とポジショニングは「生活者と企業を結ぶ有効なメディア」をどのように作り上げるかにあります。企業の市場戦略は，生活者（消費者）への高密度高密着のアプローチにより，激化する競争に勝ち残ることであり，また企業自身のイメージをカードやそのサービスで具体化することにあります。

マスマーケティングからダイレクトマーケティングへの流れは，ネット社会の到来とともに,「個」へのアプローチがますます顕著になっています。そのようななかで，クレジットカードや各種の決済プログラムが重要視されています。

しかし，クレジットやプリペイドなど，決済を伴うビジネスモデルの構築にはノウハウが必要であり，クレジットカード会社や金融機関との提携が必要となってきます。その場合は，将来の展開や汎用性も事前に考慮して，最適なカード素材を選択しておく必要があります。

▶提携カードと素材

カード化の目的は機械処理への適合であり，一定の規格に準拠していれば，カードの汎用性は一気に広がります。たとえば国産のPOSであれば，ほとんどの機種がクレジットカードに使用される旧JISⅡ型（79頁参照）に適合しています。カードビジネスに参入するにはカードや磁気情報をどのように設計するかが重要となってきます。

一方，汎用化を全く考えなければ透明なカード素材を使うなど，カードを思い切ったデザインにすることも可能になります。この場合，透明カードは国内に設置されるほとんどのATMなどのカードリーダーでは読み取ることはできません。なぜなら，ATMの多くがカードを引き込むために光センサーを用いているからです。

また，カード上にQRコードを印刷しておけば，携帯電話から会員専用のサイトに誘導できるでしょう。

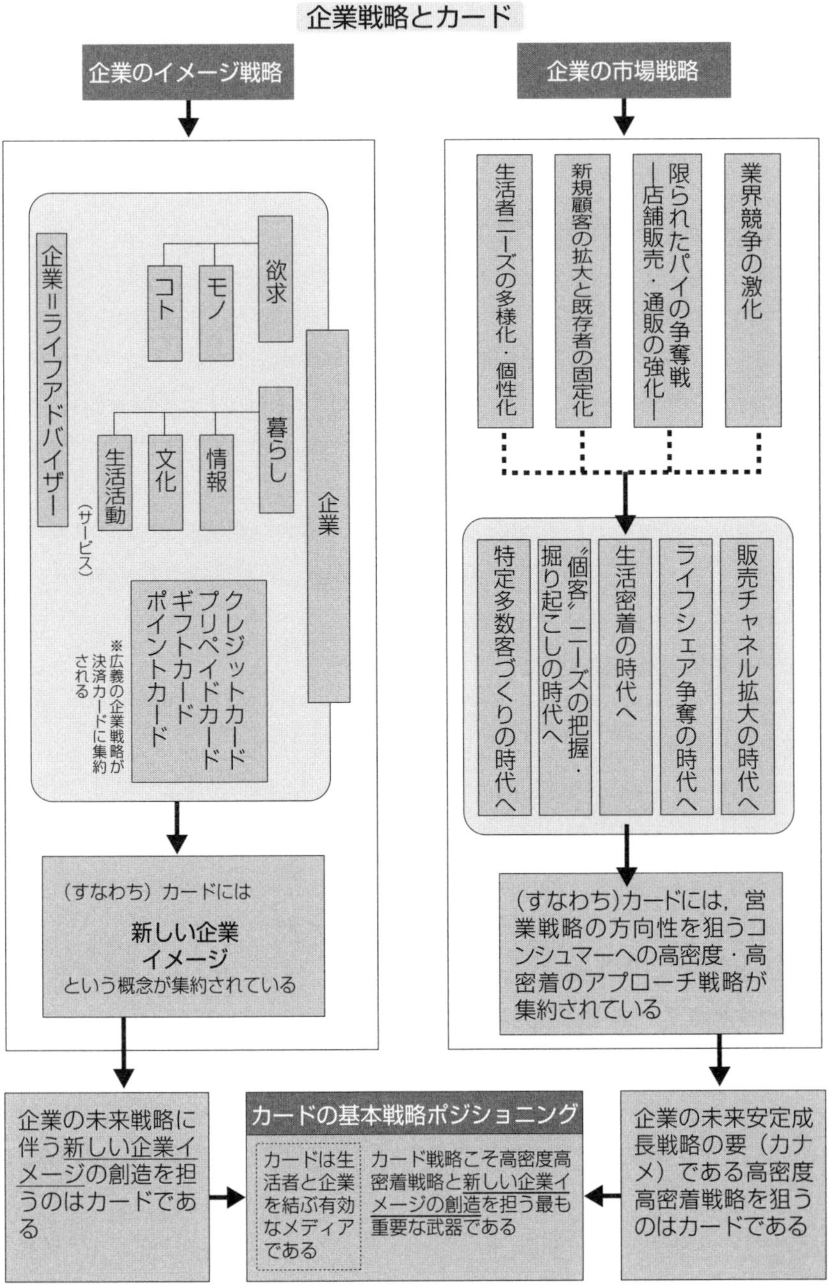
企業戦略とカード
企業のイメージ戦略
企業＝ライフアドバイザー
欲求
モノ
コト
暮らし
情報
文化
生活活動
（サービス）
企業
クレジットカード
プリペイドカード
ギフトカード
ポイントカード
※広義の企業戦略が決済カードに集約される
（すなわち）カードには
新しい企業イメージ
という概念が集約されている
企業の市場戦略
業界競争の激化
限られたパイの争奪戦―店舗販売・通販の強化―
新規顧客の拡大と既存者の固定化
生活者ニーズの多様化・個性化
販売チャネル拡大の時代へ
ライフシェア争奪の時代へ
生活密着の時代へ
"個客"ニーズの把握・掘り起こしの時代へ
特定多数客づくりの時代へ
（すなわち）カードには，営業戦略の方向性を狙うコンシュマーへの高密度・高密着のアプローチ戦略が集約されている
企業の未来戦略に伴う新しい企業イメージの創造を担うのはカードである
カードの基本戦略ポジショニング
カードは生活者と企業を結ぶ有効なメディアである
カード戦略こそ高密度高密着戦略と新しい企業イメージの創造を担う最も重要な武器である
企業の未来安定成長戦略の要（カナメ）である高密度高密着戦略を狙うのはカードである

F 与信システム

▶クレジットカード審査却下の抱える問題

日本クレジット産業協会発刊「日本の消費者信用統計平成24年版」によると2003年度から2010年度のカード発行契約率は82%～95%となっています。つまり，カード申込者の多くがカード発行の却下通知を受けていることになります。

過去の不良債権償却など「負のデータ」に基づいた却下はごく限られることから，いわゆる与信審査基準未満層がかなりの割合で存在していることを示します。

発行審査の現場では，１枚のカード発行申込書で国際ブランドカードを発行するには，スコアリング等の最新システムを駆使しても一定のリスクが伴うため，やむをえない結果といえるでしょう。

▶カード募集現場で起きること

各カード会社では，さまざまな会員募集キャンペーンを展開していますが，会員拡大の大きな力となる流通業の提携カード募集現場においては，カード却下顧客からのクレーム対応という課題が日々発生しています。

この問題は，直接カード会社へのクレームとはならず，募集現場である流通業へのクレームとなり，カード会社側では顕在化しないという特長があります。

通常のクレームであれば流通業側で対応できますが，提携クレジットカード会社の審査基準に満たないことを理由とするカード発行却下は，現場では対応が困難です。

申込者が望めば，個人信用情報機関によりクレジット情報が開示されますが，カード会社固有の審査結果については，却下に対する消費者の納得はなかなか得られず，カード募集現場ではその対応が大きな負担となってしまいます。

一部の申込者はクレジットカードを持てない

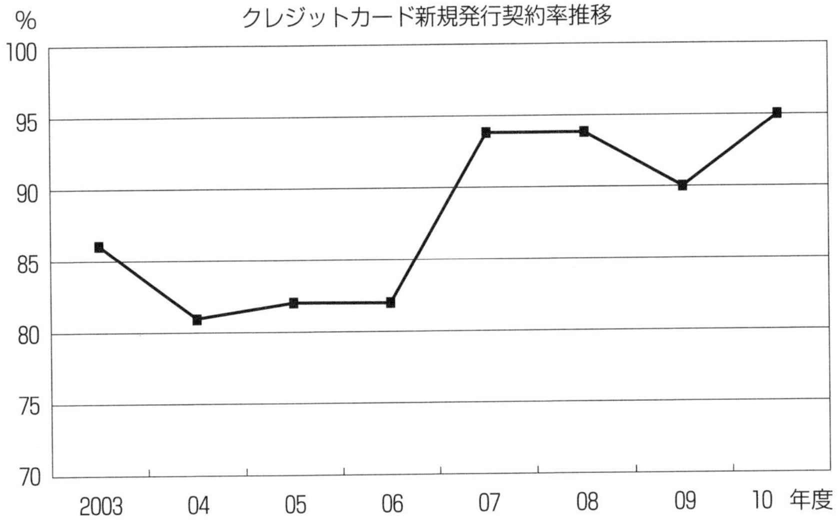

このことが新規提携カードの場合，最初の入会促進キャンペーンでは成功を収めるものの，2回目以降のキャンペーンが不発に終わるという経過をたどる要因となっています。

提携カードの発行率をあげるためには，提携先と顧客との関係（上得意客種別や購買履歴など）をカード会社に伝えるなどのしくみが必要です。

G 経済情勢とクレジットカード

▶不況下における会員拡大

勤労者１人あたりのクレジットカード所持枚数は５枚程度といわれ，今後とも厳しい選別の波にさらされるでしょう。

一方，JCBによる2012年度版調査結果レポート「クレジットカードに関する総合調査」によると，20歳代のカード所持は男性74.1%，女性77.2%に過ぎず，大きなマーケットポテンシャルを秘めています。

厳しい経済環境のなか，カード発行審査における基準未満層への対応はより慎重さを求められますが，会員拡大のチャンスは大きいといえるでしょう。

▶経済情勢とカード発行審査

経済環境の変化やクレジット会社の戦略に伴い，クレジットカードの審査基準も変動します。そして，国際ブランドカードの発行は，海外も含め，幅広い加盟店での利用が伴いますので相当のリスクがあるのも事実です。

クレジットカードビジネスにおいては不良債権の発生は避けてとおることはできません。それだけに，その抑制が各社共通の課題であり，厳しい経済環境のなか，リスクコントロールはますます難しくなってきています。

しかし，利用時のクレジットリスクコントロールの決め手となるICカードシステムは未だ普及途上にあります。したがって，磁気カードとリアルオンラインによるオーソリゼーション（利用承認）によるチェックが必要になるのですが，国際ブランドカードを発行する以上，すべての加盟店によるフルオンラインチェックは困難です。

▶ハウスカード

その解決策として，クレジットカード業界で一大勢力となった流通系クレジットカード会社の歴史的過程に学ぶことができます。

流通系といわれる，クレディセゾン・オーエムシー・ポケットカードなど各社は，事業開始段階ではハウスカードを発行し，汎用性を制限しながら，利用

初期のハウスカード（現クレディセゾン）

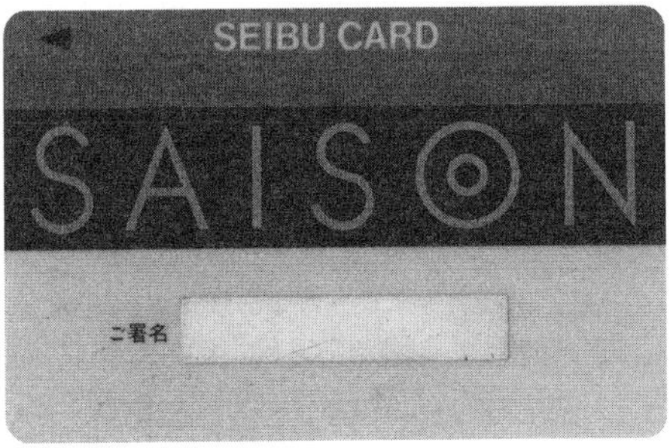

初期のハウスカード（現OMC）

時にはオンライン決済ネットワークによりオーソリチェックを行うことで発行対象を拡大してきました。

クレジットカードの審査基準は，カードの汎用性と決済ネットワークのチェックシステムが課題解決のカギとなります。

H 決済ネットワークとカード

決済できる店舗網が，特定企業のネットワーク内に限定されるハウスクレジットカードの決済スキームは，金融機関が発行するキャッシュカードに近いといえるでしょう。
キャッシュカードでは，金融機関の口座残高以上に現金が引き出されることはありません。それは，ATMからの出金金額が，リアルタイムでオンラインネットワークの口座情報と照合されるからです。
しかし，国際ブランドクレジットカードの決済には，オフラインで処理を行う加盟店が存在します。

また，オーソリゼーションはオンラインであっても，売上情報が更新されるのに，タイムラグが存在する加盟店もあります。つまり，国際ブランドを付けることによりクレジットカードの汎用性は拡大しますが，決済情報が即時にデータベースに反映されないというカード発行会社のリスクも増加します。
クレジットカードの債権リスクをコントロールする方法として，利用限度額の設定がありますが，同時に決済ネットワークによるオーソリゼーションのありかたも大きな要素となるのです。

ハウスクレジットカード

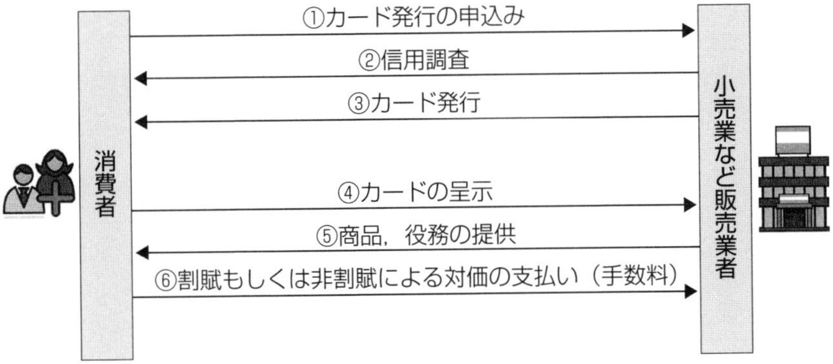

汎用カード（あっせん型）

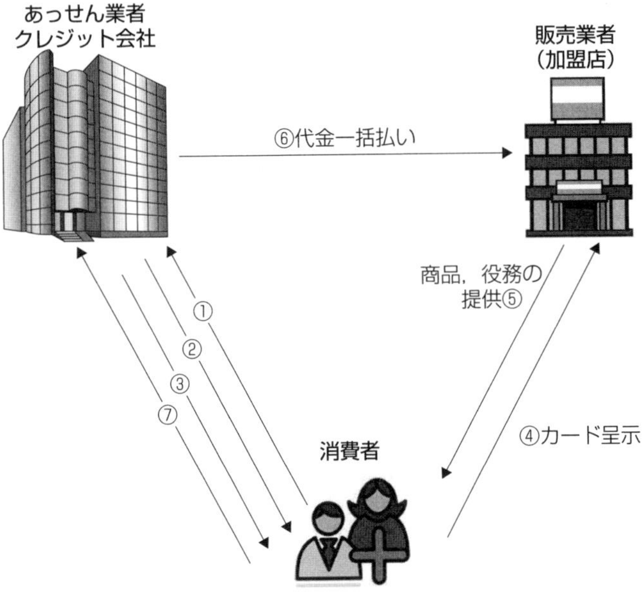

I 成否を決める与信

ハウスカードの初期与信では，まず発行の可否と発行後の利用限度額を決定します。

クレジット与信を行う際には「4つのC」を重視します。

すなわち，

1 Character（人格）

2 Capacity（支払能力）

3 Capital（資産）

4 Control（自己管理）

です。

本来であれば，統一の信用情報センターにより蓄積されたクレジットヒストリー（信用情報履歴）で把握するべきです。

しかし，わが国では消費者信用産業の成立過程で，金融業態別に複数の個人信用情報センターが独自の進化をとげてきました。

その結果，住宅ローンなどを中心にして信用情報を蓄積してきた銀行系の信用情報センター「全国銀行個人信用情報センター」，消費者金融系の「株式会社日本信用情報機構」，銀行系クレジット会社を対象とした「CIC」，そして独立系の「CCB」に分化発展，そして集約されました。

かつては，交流される情報がブラック情報など限られた内容であり，かつ個人を特定する統一ID番号の導入が遅れたため，信用情報の「名寄せ」が完全とはいえない状況が続いてきました。

貸金業法と割賦販売法の改正により信用情報センターの交流が実現しましたが，国民の統一番号の採用にはまだ至っていません。

個人信用能力「４つのC」

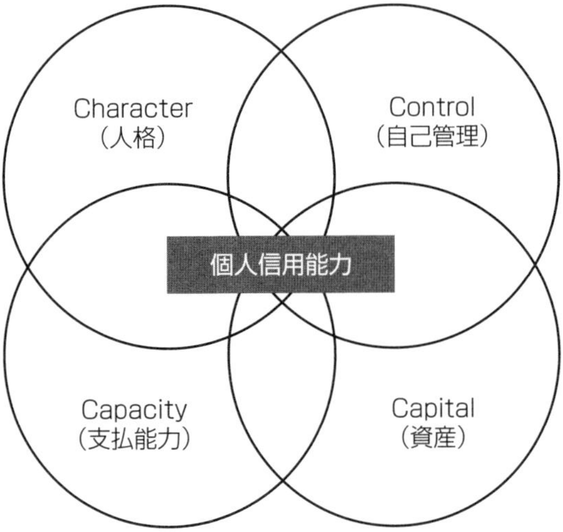

コラム

現金取引は不正の温床@EU

わが国の金融機関の決済システムは世界でも類を見ないほど優れています。たとえば，ほとんどの金融機関から異なる金融機関に送金する場合「電信扱い」にすれば瞬時に送金が完了します。しかし，海外では３営業日程度は必要です。したがって，欧米では融通のきく小切手決済が根強く残っており，消費者は小切手を発行し，郵送や支店窓口投げ込みで済ませています。たとえば税金，お祝いやおケイコごとの支払いも小切手です。家の修繕や水道工事の決済も小切手です。むしろ現金でくれ，と言われるとこれは暗にブラック（闇：秘密）で仕事をするということになります。

欧州には現金取引は【現金取引＝不正】という考え方があります。現金取引は，取引があった事実を隠すことが容易ですから，買い手である消費者は付加価値税を，売り手である商店は所得税などをそれぞれ納めないことにつながります。

このため，フランスなどの政府は，1,000ユーロ以上の取引をする場合，金融機関に決済の記録が残る小切手や銀行振込み，クレジットカードデビットカードなどを使わせるのです。

J 信用供与ビジネスモデルと市場の関係

▶物やサービスの価格が29万2,000円から15万円に下がると市場は拡大する

一般消費財は，価格の低下に伴って商品のコストパフォーマンスが上がり，市場は拡大するのが常です。価格設定は自由ですから，利益率が高い場合には参入企業も増加しその供給が拡大します。

通常の消費行動は，消費者が販売者を価格やサービスなどさまざまな要因から選択して販売者を決定し購入します。つまり消費者が事業者の信用を判定して取引が成立し，消費行動が起こります。

▶金利が29.2%から15.0%に下がると市場は縮小する

それに対し，信用供与つまりクレジットは，事業者が消費者を選択し，商品（お金）を供給します。つまり事業者が消費者を判定し，信用を与えることで取引が成立し，事業活動を展開するのが特徴です。

融資商品は，担保・無担保，金額，手数料，融資実行までの時間，不履行発生などのリスクにより生じる限界費用があり，事業者はそれを下回る利息では信用供与を行いません。

得られる利息収入と限界費用の差が大きければ大きいほど事業者の参入は拡大しますが，法定利息により収益には上限があるため供給にも限界があります。したがって，融資商品別の費用と上限金利の差分が消費者信用の市場となります。ただし，決定的な要因として消費者個々の「個人信用能力」があり，審査により実質供給が決定されます。

▶総量規制と過払い金

貸金業法による上限金利と総量規制で，市場は決定されますが，同時に過払い金返還コストが増加すれば実質供給量は減少します。

限られた条件のなかで供給量を拡大するためには，審査精度の向上によるリスク最小化が必要です。

信用供与の方向

一般消費財は消費者が事業者の信用を判定して取引が成立する

消費者信用は事業者が消費者の信用を判定して取引が成立する

縮む実質供給量

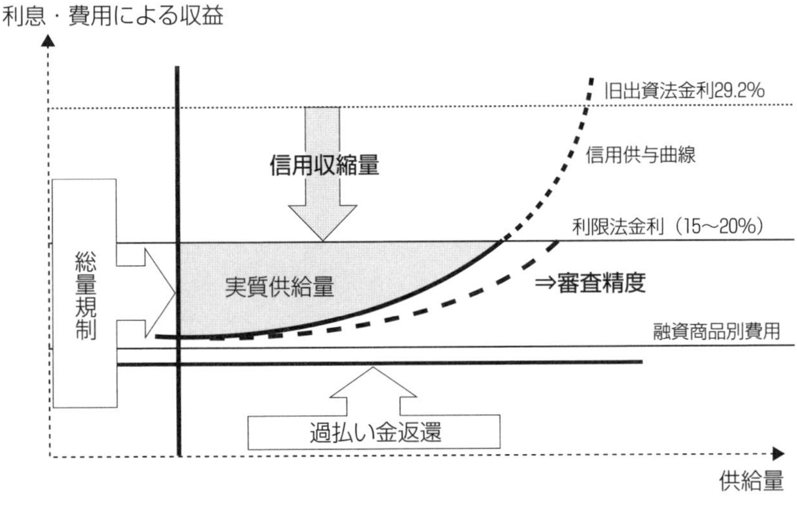

K 企業与信から個人与信へ 審査精度の向上

米国のクレジットカードは，流通業界や石油業界のハウスカードから国際ブランドカードへと発達してきました。

つまり，一般消費者の生活カードからプレミアカードへと発達してきたといえるでしょう。2002年末頃のカード発行状況をニルソンレポートに見てみると，国際ブランドであるVisaの２億6,000万枚，MasterCardの２億7,000万枚に対し，ハウスカードは５億5,000万枚発行されており，徐々に国際ブランドカードへと発展してきました。

それに対しわが国では，給与生活者の管理職を対象として，クーポン業務を行う月賦百貨店や信販業が初期にクレジットカードを発行しました。また，上場企業の管理職や医師，弁護士などをターゲットとして発行されたダイナースクラブが，最初の銀行系クレジットカードであったように，クレジットカードは当初「ステイタスシンボル」としての位置づけの強い決済ツールでした。

▶スコアリングとビヘイビア

わが国の与信環境は，個人信用力よりも，個人が属する社会組織や「勤務先」への与信という傾向が強かったといえるでしょう。与信判定に使用される「スコアリング」にもその考えが反映されています。

図にスコアリングの一例をあげていますが，この設定とそれ以降の顧客のビヘイビア（履行状況）などが，蓄積情報となって消費者信用業界のノウハウとなっています。また，各社の置かれた状況によって，審査基準は変動します。

▶信用情報の統合

貸金業法や割賦販売法改正など一連の消費者信用法制の大きな柱は「多重債務」の防止にあります。この目的を達するためのインフラ整備が信用情報の統合であり，「名寄せ」といえるでしょう。

個人が属する組織の信用よりも，個々人が積み重ねてきたクレジットヒストリーを重視する時代が近づいています。

スコアリングモデルの例

年齢	18<21	21<25	25<30	30<40	40<50	50<	60<
	6	10	*20*	35			35
配偶者	未婚	既婚					
	15	30					
扶養家族	0	1	2	3<4			
	10	15	*25*	10			
居住形態	持家	借家	同居	社宅			
	40	*15*	20	23			
居住年数	<1	1<3	3<6	6<10			
	18	*20*	25	30			
職種	専門職	管理職	事務職	非正規			
	30	35	*20*	10			
職位	役員	部門長	課長	一般			
	40	35	*30*	20			
企業規模	100<	500<	1000<	5000<			
	10	15	*25*	30			
勤務年数	<2	2<5	5<8	8<15			
	16	*20*	27	33			
金額	20000<	50000<	100000<	200000<			
	—	—	—	—			
頭金割合	0<10	10<30	30<50	50<80			
	10	*22*	30	40			
信用情報件数	0	1	1<3	4<			
	0	*20*	10	0			
包括与信総額割合	10%<	40<	70<	90<			
	40	30	20	10			
用途							
種類							
新旧							
証票有無							
振込先							
返済方法							

スコア合計
272

スコアリング結果のポジション

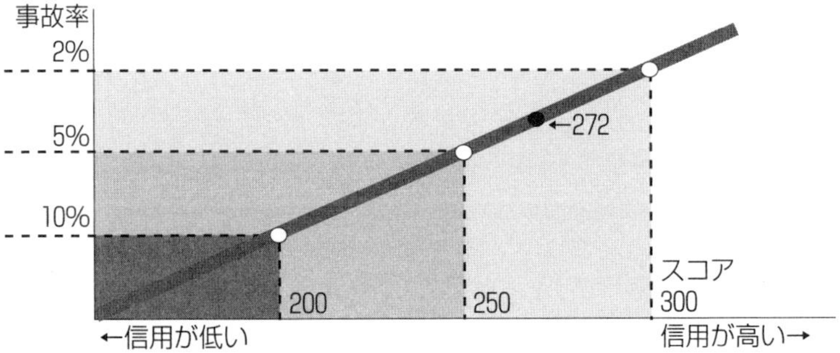

L 「ご利用は計画的に」が意味するもの
～精緻化するスコアリングと個別信用情報

無担保による現金の直接融資というビジネスモデルは，法改正により，市場が大幅に縮小しました。

▶増加するリスク判定情報

信用能力を判定するためには，スコアリング対象項目，つまり信用情報の量と質の向上がかかせません。これにより，リスクの細分化が実現し，融資実行の可能性が向上します。

たとえば，資金の用途にも旅行，婚姻，教育，墓石，租税，介護，転居など明確な理由が重要です。なぜなら，融資が必要となる要因が明確となり，証書の確認でそのエビデンス（裏付）がとれるからです。もちろん，パンフレットよりも申込書，そして契約書が証憑（事実を証明する根拠となるもの）となります。当然，融資の実行にさいしては消費者個人より，支払先への直接立替払いなどがリスクが低く，融資の可能性が広がります。いわば「計画性」の証明です。

消費者信用業界は，広告告知や消費者教育もふくめて，総合的な市場アプローチ施策を組み立てる必要があるでしょう。

クレジットリスクの細分化

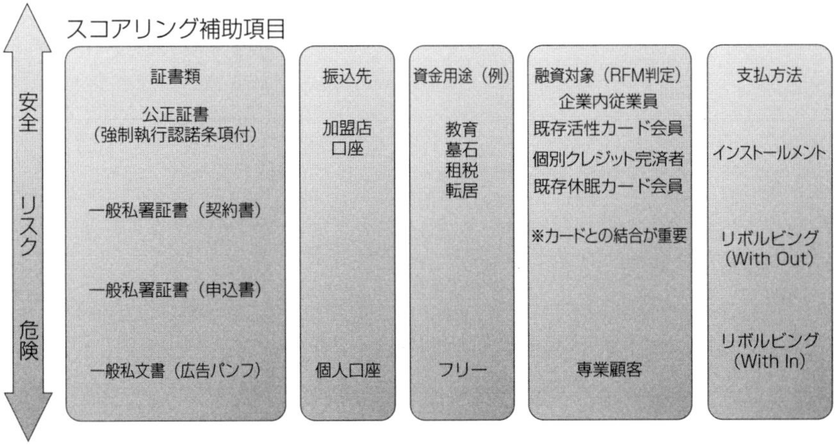

コラム

銀行が消費者信用業界に直接参入する際に，口座情報をもとに与信することは可能か？

募集時にカード会員規約に明記をする必要があります。銀行本体発行のカード申込書には，グループ各社での共同利用が入っています。

金融機関の口座決済情報は貴重なマーケティングデータです。

したがって，消費者としてはメイン口座はあまり変更しないことが大事ですね。

体験談ですが筆者は転職して２年目にリフォームローンを会社のメインバンクA銀行へ申込みましたがあっさり断られました。

でも，30年にわたり給与振込み口座としていた某B銀行は，もっと有利な条件で審査が通りました。

M 米国の顧客クラスター階層分類とクレジットスコア

米国では，与信階層が下記の５階層に分類されます。

- **スーパープライム層**：優良なクレジットヒストリーを持ち，履歴に汚点がなく，豊富な資産を有する富裕層
- **プライム層**：長いクレジットヒストリーを持ち，しかも履歴に汚点がなく，２年以上同一の仕事に就いている持ち家層
- **ニアプライム層**：過去の信用履歴に若干の問題があるが，就労が安定しており，持ち家が賃貸でも長期に定住している層
- **ノンプライム層**：信用履歴に問題があるものの，仕事に就いている人。主として賃貸住宅に住んでいる層
- **サブプライム層**：就労が安定せず，住所も一定ではない賃貸住宅居住者が主体となる層

国際ブランド発行対象としてはプライム層以上ですが，ハウスカードは比較的広範囲の層に発行できることが特徴です。

▶クレジットスコア社会

米国では個々人に，過去のクレジット履歴から「クレジットスコア」が算出されます。その点数によって，その人の資産・経済力，返済能力などが判断され，住宅ローンの金利から就職，結婚，転居といった日常的な生活まで大きな影響を及ぼします。

米国レンダー（融資を行う金融機関）によって異なりますが，代表的なクレジットスコアであるFICOスコアの中央値は，723。平均値は687です。

730以上だと，“excellent!!”，700-729が，“good!”，670-699では“so-and-so”（まあまあ），585-669になると，“iffy!?”（微妙……），585以下になると，“bad!!”となります

わが国でも法改正により，信用情報機関相互間の情報交流が始まります。従来はブラック情報が中心の情報交換でしたが，これからは総量規制や包括信用

米国のクラスタ階層分類

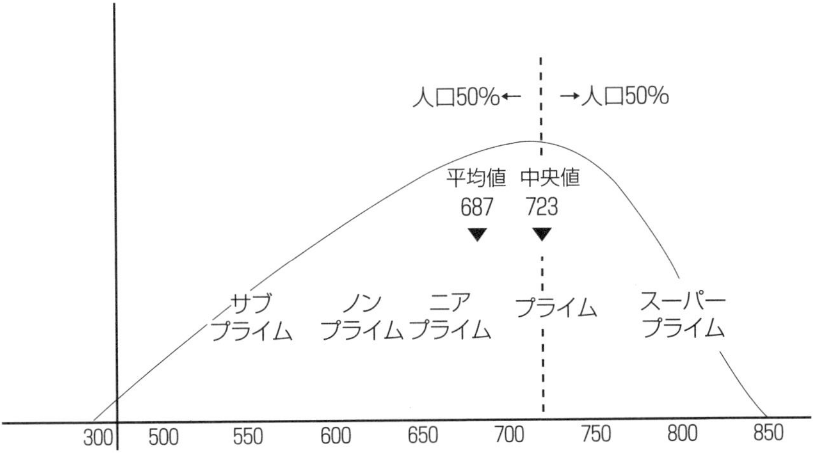

http://suze-orman-fico-kit.com/fico-score-chart/より引用

供与額など，消費者個々人の総借入額が交換されます。これにより，クレジットヒストリーが数値化されることになるでしょう。日本も急速に米国のような「信用数値化社会」に向かいつつあります。

コラム

審査項目の重要度とは？

わが国の場合，審査で最も重要視するのは，信用情報です。この情報は専門用語で「異動情報」や「事故情報」，または「延滞情報」という名称なのですが，通称「ブラック情報」と呼ばれています。他の項目がいかに良くても，信用情報に問題がある人にはクレジットカードは99%発行されません。

さて，クレジットカードの審査ですが，基準として「年収・勤務先」や「勤続年数・居住形態」や「年数」の３つの属性でそれぞれ最低ラインを設けており，そのどれか１つでも最低ラインに達しない時点で他の属性がどんなに評価が高くてもスコアリングやピヘイビアで審査に通らないクレジット会社もあります。

この場合，３つの属性のどれかが原因で審査に通らない人が多いというのが現実です。実際には，どの項目を重視するかは，経験によって異なり，またカードのクラスや提携カードの種類によって柔軟に運用されています。

N 米国ハウスカードを誕生させた法的背景

それでは，実際のハウスカード発行状況をみてみましょう。Nordstrom, Bloomingdales，Sears，JCPenney，TARGETなど高級百貨店からディスカウントストアまで，いずれもハウスカードをその決済カードメニューに持っていました。

すなわち，比較的低い利用限度額（500米ドル程度）をもつハウスカードをまず発行し，オンラインオーソリゼーションでクレジットリスクをコントロールしながら履歴を積み重ねます。

そして，積み重ねたクレジットヒストリーから利用限度枠の拡大を行い，その後，企業戦略に応じ国際ブランドカードへの切り替えを行うという戦略です。

カード別のクラスタポジションに応じたカード戦略といえるでしょう。

このようにクレジットヒストリーを重視するのは，多民族国家である米国が，さまざまな差別を排除する公民権法（Civil Rights Act of 1964）を基礎とするフェアレンディング政策（Community Reinvestment and Fair Lending Policy）が基本にあるからです。

この政策は，70～80年代にかけて，各種の信用供与に関する広範かつ詳細な法令を生み出すこととなりました。

代表的な法規として公正住宅供給法（Fair Housing Act of 1968）（Civil Rights Act of 1964）信用機会均等法（Equal Credit Opportunity Act of 1975）住宅抵当貸付開示法（Home Mortgage Disclosure Act 1975）などがあげられます。

これらは，いずれも不明朗な事由による信用供与差別を禁止しています。

段階的クラスタポジション（カード別）

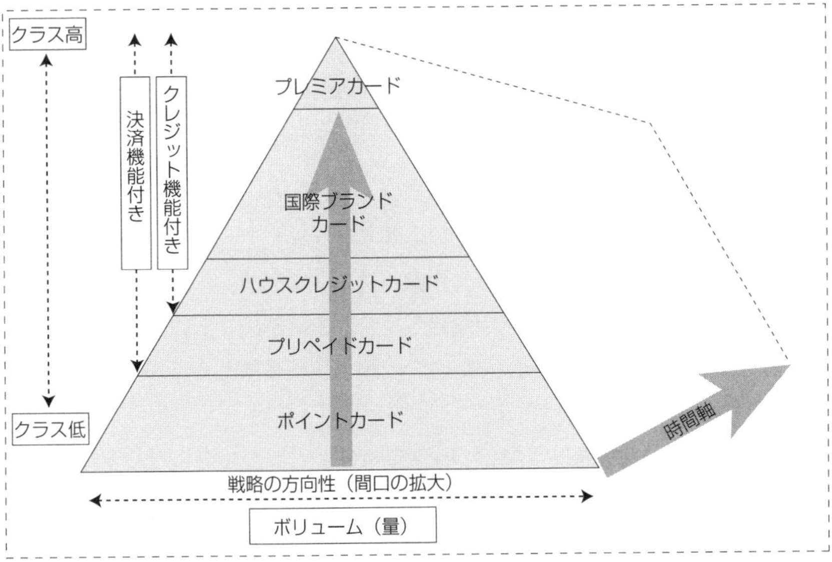

コラム

新興国の決済件数の伸びは？（Nilson Report 2013年１月1009号から）

地域	2016年の伸び率（2011年対比）	2016年のシェア予測
アジア，太平洋地域	205%	21.2%
中東，アフリカ	199%	2.0%
ラテンアメリカ	197%	8.8%
ヨーロッパ	151%	21.4%
アメリカ	144%	42.6%
カナダ	133%	4.1%

対象カードはVisa，MasterCard，JCBをはじめとしたペイメントカード全取引が対象です。2016年には全世界の取引件数は2,389億件となりますが，アジア，太平洋，中東，アフリカ，ラテンアメリカではほぼ倍増となることが予測されています。その結果アジア太平洋地域は欧州に並びます。注目すべきは，カードで「分割払い」の機能があるブラジルです。カード決済が伸びる新興国には，わが国の「分割払い」機能を輸出することができるでしょう。

O 個人情報保護法とクレジットビューローの役割

1999年のグラム・リーチ・ブライリー法（Gramm Leach Bliley Act（GLBA）：金融機関向け顧客情報守秘に関する法律）に対し，わが国でも個人信用保護法の施行をはじめ，昨今の金融立法の成立や改正となりました。

これらの法律の制定により信用情報センターの役割はさらに重要となり，不明朗なカード発行差別を排除するための広範な情報蓄積と交流が求められるでしょう。

本来，クレジット産業は「貧富の差をなくす」という理念に成り立つ産業であり，クレジットヒストリーを生成する適正な信用情報の収集・管理・交流，そして，統一番号の導入によるクレジットリスクコントロールがその理念を具体化するでしょう。

勤務先の規模や労働形態別などによる信用差別ではなく，クレジットヒストリーや可処分所得など，明確な理由による信用区別の時代が到来するでしょう。

クレジットビューロー（個人信用情報センター）の役割は非常に重大といえます。経済政策として内需の拡大には，過去からクレジットカードが活用されてきました。わが国では，エコポイントが内需拡大策として実施されていますが，個人信用情報センターに蓄積されたクレジットヒストリーを活用すれば，クレジットカードを使用した内需拡大策が実現できるかもしれません。米国や韓国では，クレジットカードを用いた経済活性化策は多重債務をもたらしましたが，総量規制や包括支払見込額算定というしくみを持つわが国ではその問題を回避できるかもしれません。クレジットによる経済活性化はなかなか受け入れられないかも知れません。しかし，内需拡大策である住宅減税は，住宅ローンの金利優遇に他なりません。

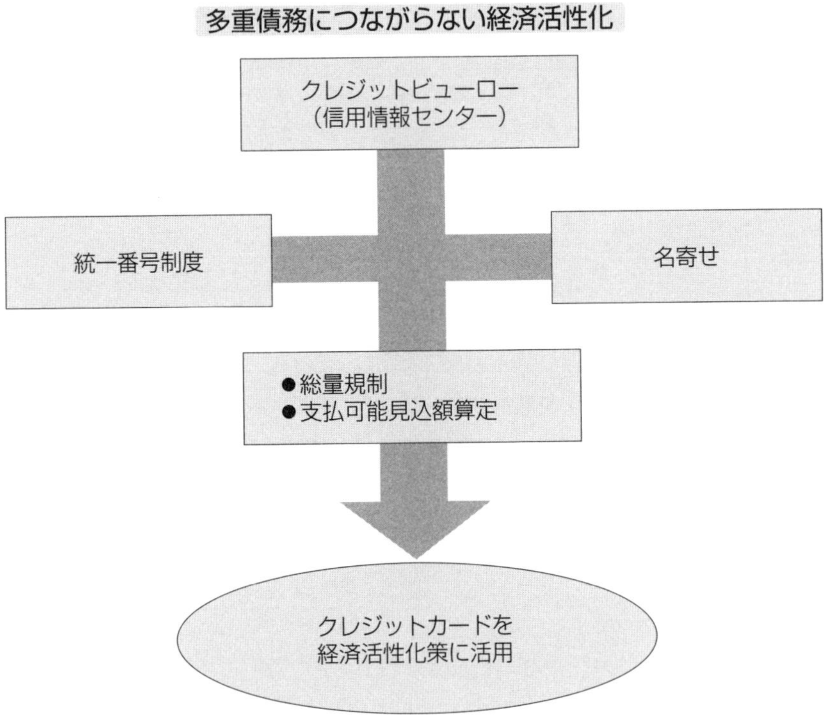
多重債務につながらない経済活性化
クレジットビューロー
（信用情報センター）
統一番号制度
名寄せ
●総量規制
●支払可能見込額算定
クレジットカードを
経済活性化策に活用

P クレジットカードビジネスの構成者たち

▶ブランドホルダー

ブランドホルダーとしてはVisa，MasterCardなどがあります。ブランドホルダーが発行するライセンスには，クレジット，デビット，プリペイドなどの広範なカード業務を取り扱えるPM（プリンシパルメンバー）とPMから部分業務のサブライセンスを発行されるSL（セカンドライセンシー）があります。それぞれのライセンスにより，ビジネスの範囲が異なります。

▶イシュア

「イシュア」とは，クレジットカードを発行（イシュー）する会社のことを指します。また，それだけではなく，企業や団体などと提携して，さまざまな提携カードを発行します。

自社のローカルブランドカードの発行や，自社が発行するカードに国際ブランドをつけて発行しますが，国内，そして世界中で利用できる国際ブランド（Visa，MasterCardなど）を自社のローカルブランドカードに付けることによって，クレジット，デビット，プリペイド決済を国内外で利用できるようになり，一挙に汎用性，利便性が高まります。

したがって，国際ブランドからPMライセンスを供与されることは，決済ビジネスを拡大発展させるために重要です。

▶アクアイアラー

「アクアイアラー」はカード売上の回収支払を行う加盟店契約会社のことを指します。このライセンスを持つと，自社で国際ブランドの加盟店を開拓できるようになります。それにより，他社が発行する国際ブランドカードの利用手数料の一部が入ってくることになり，加盟店を増やせば増やすほど，収入が増えることになります。

▶サービサー

「サービサー」は債権回収会社を指します。一般的にカード会社は債権回収

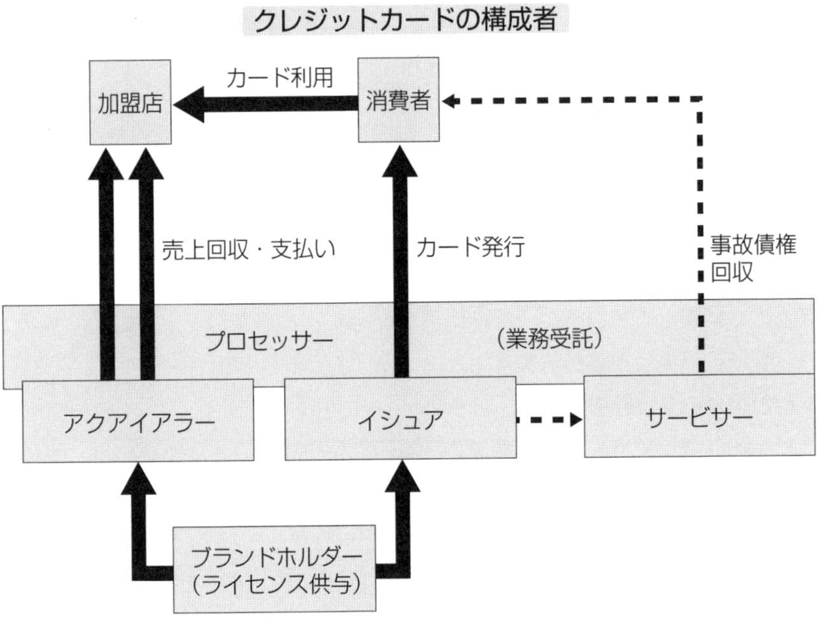

業務を行いますが，サービサーとは債権譲渡を受け，債権回収を専門に行う会社のことを指します。

▶プロセッサー

カード業務は，コンピューターシステムによるところが大きく，装置産業といわれています。決済ネットワークや各種のシステム運用（プロセス）を専門に請け負う企業群をプロセッサーと言います。

Q 国内カード会社の実際は

前の項目では，米国などで一般的に見られる，イシュア，アクアイアラーなどが分離している状態を説明しました。米国では，アクアイアラー業務はカード売上の回収と支払いなど，巨額の資金を必要としますので，加盟店のメインバンクが行う場合が見られます。

▶わが国カード会社の特徴

わが国では，長らく金融機関は銀行業務に特化することが求められ，金融機関本体がクレジットカードを発行し，カード事業に参入することは禁止されていました。

したがって，わが国は長らく預金業務をもたない「ノンバンク」がクレジットカードビジネスを展開してきました。

▶ローカルブランド

各ノンバンクは，Visa，MasterCardなど国際ブランドとは別にUFJ，UC，nicosといったローカルブランドをたちあげてきました。

▶すべてを自社で

わが国のクレジットカード会社は，「ノンバンク」が主体となって，ローカルブランド，イシュア，アクアイアラー，サービサーのカード業務のすべてを自社のシステムを持って展開してきました。

なお，それぞれのカード会社は，国際ブランドのPMやSLの位置づけにあります。ただし，JCBは自社の国際ブランドを世界に展開しています。

▶外部団体

カードビジネスは，その成り立ちから管轄官庁は金融庁と経済産業省となっています。それぞれの業界団体として，社団法人日本クレジット協会が認定されています。

管轄法規である貸金業法と割賦販売法では，過剰与信と多重債務を防止するため指定信用情報センターが提供する信用情報を利用することが義務づけられ

カード会社の実際

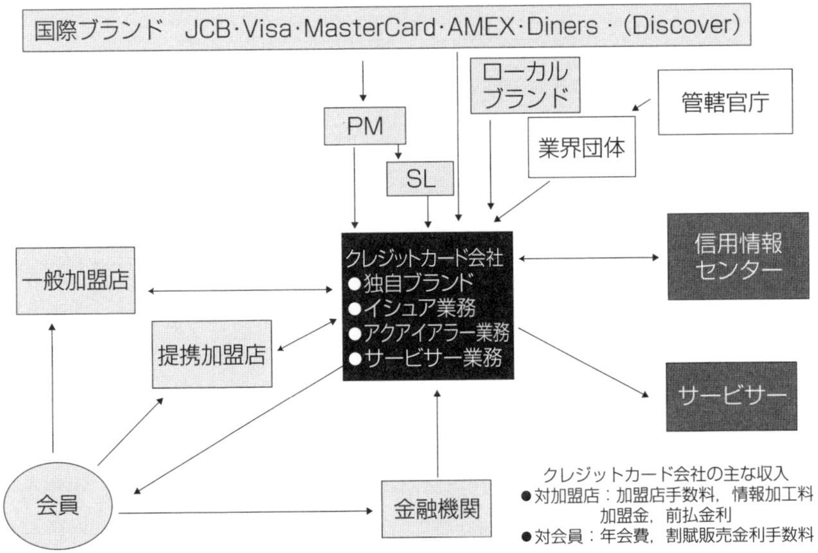

ています。

▶重要な金融機関の役割

カードビジネスは，それぞれの局面で多額の資金が必要となるため金融機関の役割が非常に重要です。歴史的に多様な業種がクレジットカードビジネスに参入してきましたが，現在はメガバンクのグループに集約されつつあるカード会社も出てきています。

R クレジットカード会社とメガバンク

わが国では，金融機関によるクレジットカード本体発行は長らく認められていませんでした。したがって，金融機関は傘下に「○○銀クレジット株式会社」などと呼ばれる「銀行系」クレジットカード子会社を設立してきた経緯があります。これをFC（フランチャイズカンパニー）BC（ブラザーズカンパニー）と呼びます。

▶ノンバンク発行

銀行子会社であるFCBC以外のカード発行として，小売業の割賦販売を請け負うクーポン業務から発達してきた信販業が発行する「信販系」や，小売業の掛売りを起原とする「流通系」そして，自家用車や家電など製造業が自社製品の販売促進を目的にした「メーカー系」そして，航空や鉄道事業者が発行する「交通系」などを中心にしながら発達してきました。

このように，わが国では預金業務を行わない業態「ノンバンク」が，それぞれ自社のブランド「ローカルブランド」を発行し，おのおのの加盟店を開拓しながら国際ブランドのPM・SLに発展してきた経緯があります。

同時に，金融ビッグバン以降，金融の再編成がすすみ，現在は三菱UFJフィナンシャルグループ，三井住友フィナンシャルグループ，みずほフィナンシャルグループの３メガ体制に移行してきました。

それに伴い，「ノンバンク」各社も，グループ化，系列化や親密行との関係を強める一方，国際ブランドを持つJCBを代表に，通信業界系であるNTT docomo，運輸業界系であるJR東日本など，それぞれ特徴ある独立系が存在しています。

▶新たな潮流

また，セブン銀行やイオン銀行など大手流通業系やソニー銀行など新しい業態の「新」金融系とも言うべき金融業がカードビジネスに進出しています。

これらの「新」金融系はいずれもFeliCaを基盤とした非接触IC決済を強力

メガバンクとクレジットカード会社

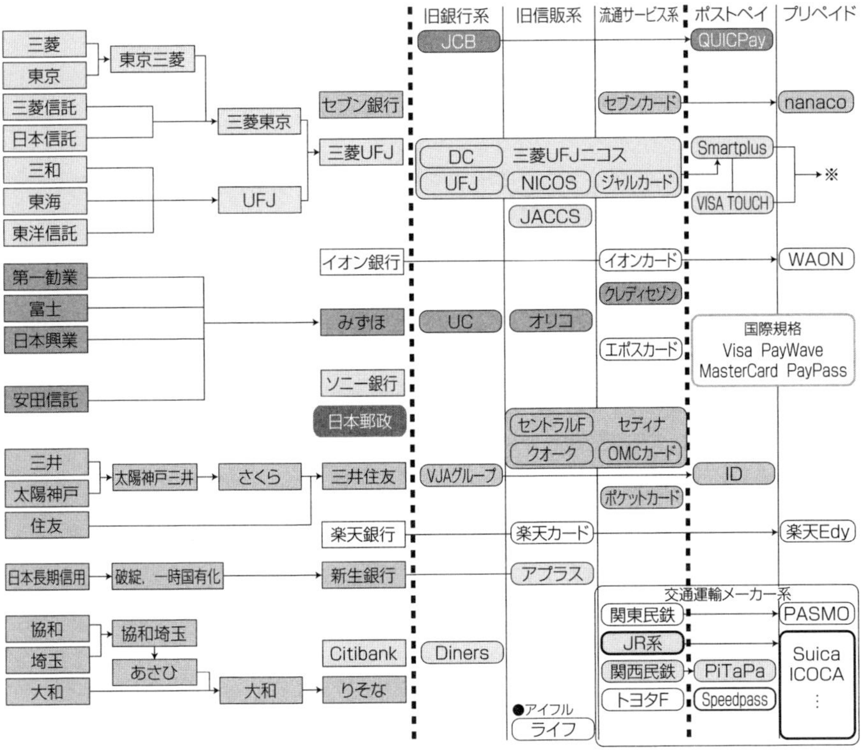

※2014年６月30日サービス終了

に推進しているのが特徴です。

一方，VisaとMasterCardはそれぞれ国際規格であるVisa PayWave，MasterCard PayPassを推進しています。この非接触IC決済スキームは，クレジット（ポストペイ）とプリペイドだけではなく，デビットやギフトカードにも対応する決済インターフェイスです。

A 資金決済法でプリペイドカードが変化した

2010年4月1日に施行された資金決済法は，旧来の前払証票取締法（プリペイドカード法）を踏襲し発展させた内容が盛り込まれています。

旧法から発展したのは，サーバー型のプリペイドを法の対象としたことです。古くからある紙製の商品券やギフトカードは，ハンドリングコストや偽造の問題でいずれ姿を消し，カード型に移行していくでしょう。そしてサーバー型は，今回の法整備により，市場拡大が期待されます。

▶プリペイドカードの定義

対価を得て発行されるカードです。したがって，無償で配布される値引券やクーポン券はプリペイドカードではありません。なお，発行されるのは物理的な紙やプラスティックカードとは限らず，ネット上のID番号なども含みます。注意が必要なのは年会費を取る会員制で，利用回数に制限がある場合，プリペイドとみなされる点です。

- **適用除外**：有効期限が6カ月内，発行者の法令遵守力信用力により発行するもの，社員食堂のチケット類，事業者間で利用されるもの，乗車券，入場券に準ずるもの（政令で定める），ただし乗車券を購入できる前払い支払い手段は除外とはなりません。また，割賦販売法など他の法規の適用を受けるものも除外されます。
- **換金性の有無**：自由に換金ができるものは「為替」であり資金移動手段です。ただし，前基準期間の発行額の20%以内，前基準日の未使用残高の5%以内であれば払い戻しが可能となりました（釣銭など）。

▶プリペイドの種類

- **ハウスプリペイド**：特定の企業でしか利用できないプリペイドカードで，スターバックスカードやフレッシュネスバーガーチェーンなどで発行されています。また，当初は自社内であったものが，徐々に加盟店を自社グループ外に広げる動きがあり，代表的なものがnanacoやWAONです。

プリペイドの範囲

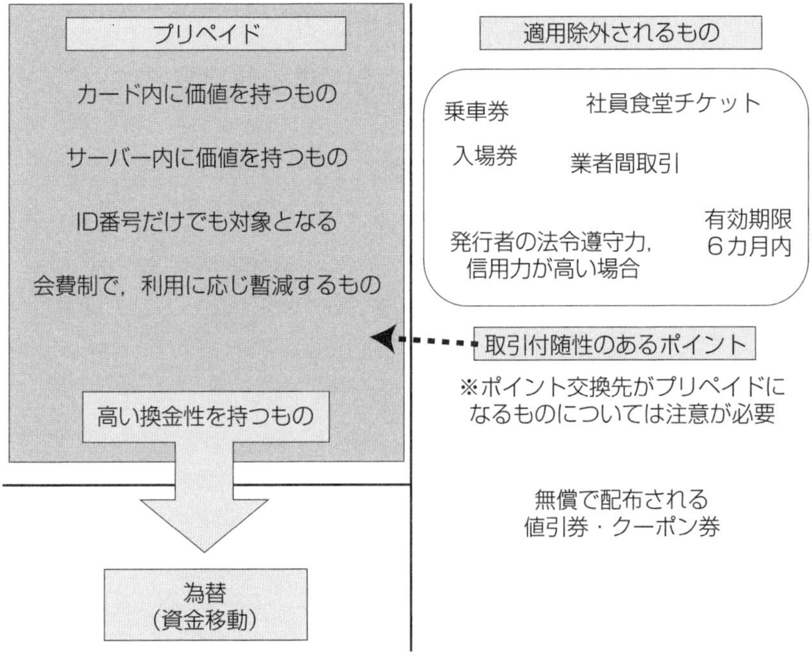

- **業界プリペイド**：特定の業界内で使える業界横断型プリペイドカードで，図書カードや百貨店ギフトカードがその代表格です。
- **汎用プリペイド**：決済端末さえあれば，すべての店舗で使用できるカードのことで，クオカードなどです。また，非接触IC基盤を持つ，前払い電子マネーであるEdyやSuicaがそれにあたります。
- **国際プリペイド**：これから最も拡大すると思われる国際ブランドを持ったプリペイドカードです。ただし，現状では換金性を持ち，資金移動手段に区分されています。

▶記名か無記名か

譲渡が前提の無記名プリペイドとしてギフトカードと，使用者が特定され，再入金できる記名式プリペイドがあります。

B ハウスプリペイドと業界プリペイド

ハウスプリペイドは「商品券」や「ギフトカード」としての歴史が長く，紙製のものが中心でした。百貨店独自の商品券をはじめ，流通業界を中心に数多く発行されてきました。爆発的なヒットとなったのは磁気券のテレホンカードで，それ以降多くの磁気プリペイドカードが作られています。パチンコで使用されるカードも大量に発行されました。特定企業だけではなく，業界全体で使える業界プリペイドも多数発行されています。

紙券は，紙幣と同じく目視で確認するため，容易に導入することができます。一方，磁気券はカード端末が必要であり一定の偽造防止は可能ですが，導入にコストがかかります。

▶偽造と贋造

しかし，紙券やカード上に価値を持つ磁気券は，偽造贋造が容易であり，現在では高速道路回数券やハイウェイカードなど5,000円以上の高額券はほとんど姿を消しています。ホログラム，微細文字，蛍光インク，潜像印刷，暗号化などさまざまな偽造防止技術が開発されていますが，有効な手段ではありません。ただし，非接触ICカードを用いた電子マネーは，磁気券や紙券に比べて偽造が困難なため，現在主流となってきています。

一方，磁気カードは使用するものの，磁気情報はコンピューターサーバーにアクセスするためのID情報だけとし，プリペイド価値はサーバー側に置くタイプが普及してきました。非接触ICカードやサーバー型は少額利用に向いているため，飲食業・コンビニなど低額高頻度の利用に向いています。

▶残高のバックアップと処理速度

非接触ICカードとサーバー型の大きな違いは，処理速度とデータバックアップです。サーバー型は通信回線とコンピューターサーバーを使用するため，利用が集中した場合反応が遅くなります。また，サーバーや通信回線に障害が発生した場合，システム全体が一斉に停止するという欠点を持っています。それ

ハウスプリペイド(FRESHNESSCARD)　業界プリペイド(左：図書カード，右：百貨店ギフトカード)

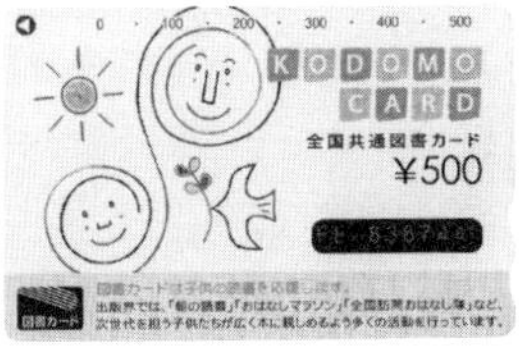

に対し，非接触ICカード型は一定条件以下の取引は端末とカード間で処理されますので，高速処理が可能です。

わが国は消費者保護を重視することから，紛失盗難時のバックアップ体制が重要視されます。したがって非接触IC型であっても，利用履歴をサーバーに送るバックアップ併用システムが必要となってきます。

コラム

ギフトカードの手数料はどこがもつのか？

カード会社が発行する，汎用ギフトカードの手数料は集客メリットのある加盟店が持ちます。

一方，特定店舗でしか利用できないギフトカードであっても，仕入れ販売がベースの流通業界では純利益率が数％であるため，なかなかプレミアは付けられません。

ただし，百貨店が実施している前払い割賦によるお買物券にはプレミアが付いています。

また，特定企業が発行する場合であっても，仕入れが発生しない施設型サービスであればプレミアが可能です。少なくなってしまいましたが，テレホンカードがいい例ですね。

C 国際ブランドプリペイドカード

国際ブランドプリペイドカードは，ATMからの出金など高い換金性と汎用性を持つため「為替」に近い機能を持っています。そして，貸金業法と割賦販売法によりクレジットカードが大きな制限を受けることから，現在，国際ブランドプリペイドカードの発行が広がっています。

▶貸金業法と割賦販売法改正との関係

貸金業法では，ノンバンクの発行するクレジットカードのキャッシングには総量規制があります。また，収入証明の提出も必要となります。そして，割賦販売法では，発行業界を問わず，クレジットカードによる包括クレジットについても，利用限度額が支払見込額の９割を超えるカードの発行や増額が禁止されています。海外旅行時の申告による増額も可能ですが，かなり使い勝手の悪い状態になることは否めません。

特に，定年退職者は，年収の減少により支払可能見込額が再計算されます。

このような，クレジットカードの機能制限による，わが国の決済環境の悪化に対しては，国際ブランドデビットカードがその代替機能を果たすことになります。しかし，現実には国際ブランドデビットを発行している金融機関は，まだ少数です。

▶参入が容易な国際ブランドプリペイド

この決済市場に，金融機関以外でも参入できるのが国際ブランドプリペイドです。高い収益が得られる国際ブランドの決済スキームを活用するため，加盟店開拓の必要もなく，クレジットカードのような審査も必要ありません。

クレジットカード発行会社は，現状のシステムを活用しながら新規マーケットに参入できるでしょう。

また，与信審査や債権管理という大規模なシステム投資を必要としないため，新規ビジネスとしての展開が可能です。

ただし，顧客の囲い込みを目的とするハウスプリペイドや業界プリペイドと

クレジットカードの機能低下と国際ブランドプリペイド

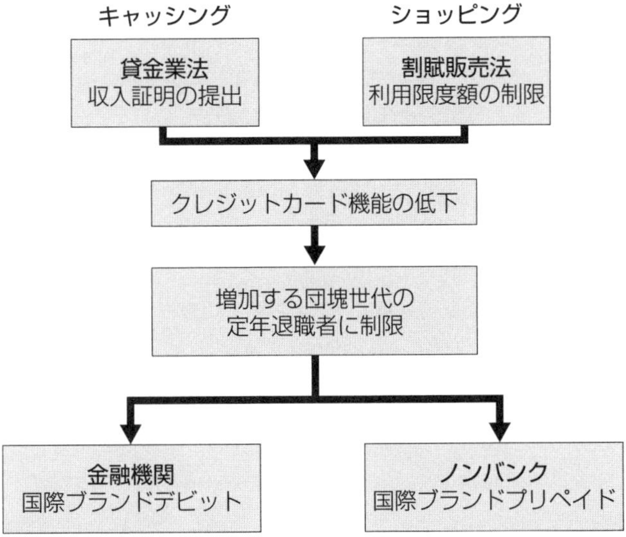

パッケージの中身

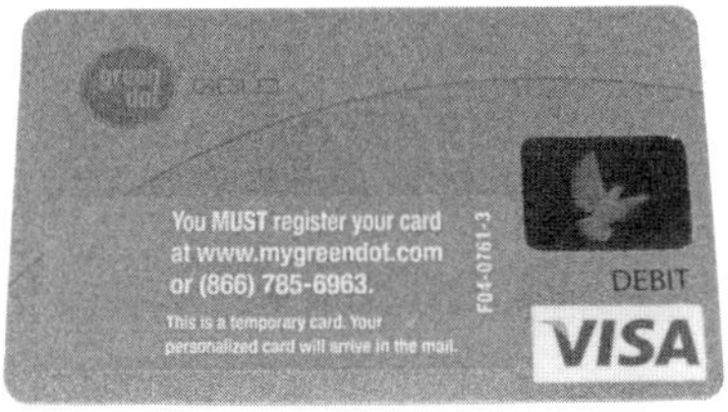

▶コンビニで売られている
国際ブランドのプリペイド（米国）

撮影：姥谷幸一

は異なりますので，ビジネスとして戦略の整理をする必要があります。

D 国際ブランドギフトカード

国際ブランドプリペイドカードには「ギフトカード」があります。日本のカード会社が発行するのは紙製のギフトカード「商品券」ですが，こちらはプラスチックのカードです。

贈答用のプリペイドカードは無記名の「ギフトカード」と呼ばれ，全米における年間のギフト・カード売上は，900億ドル（2010年）に達します。

外観はクレジットカードと同じくVisaやMasterCardのアクセプタンスマークがついています。

日本の場合は，紙製のギフトカードを取り扱うには別途の加盟店契約が必要ですが，プラスチックのギフトカードは，国際ブランドカードを使用できる加盟店でクレジットカードと同様に使用することができます。

券種は＄25，＄50，＄100の定額カードと＄50から＄200まで任意の金額をチャージできるカードがあります。

いずれも美麗なケースに入っている美しいデザインの国際ブランドカードです。

購入は販売店のギフトカードラックから好みのデザインを選び，レジで金額を支払い持ち帰るか郵送します。

身分証明やパスポートの提示など個人情報の登録は必要ありませんが，利用は米国国内に限定され，ATMからの出金や再入金はできません。

海外の店舗で見られるギフトカードコーナー（拡大）

撮影：姥谷幸一

国際ブランドギフトカード

E 国際ブランドリワードカード

国際ブランドプリペイドカードのもう1つの商品がリワード（Reward＝報奨）カードです。

これは企業の営業計画達成インセンティヴや流通業のポイント還元，そして懸賞など販売促進ツール。そして，カスタマー・ロイヤリティ・プログラムの受け皿として利用されます。

流通範囲など仕様はVisaやMasterCaedなど国際ブランドの付いた各種の決済カードに準じます。

ギフトカードやリワードカードも，コンピューターネットワーク上のサーバーに価値を持つ，サーバー型プリペイドカードです。

▶プレゼントに使えます

企業ギフト同様に，結婚式，子供の誕生日，金婚式など，プライベートイベントには引き出物や記念品が付き物です。最近は使い勝手の良さからカタログギフトが流行しています。専用葉書にカタログ番号を記入しますが，選択の範囲が狭いのが難点です。

この国際ブランドプリペイドカードなら，リアル店舗でもネットショップでも使えますから自由度は格段に向上します。

ネットショップ対応なら，カード番号を美しいHTMLメールで送付することもできます。また，プラスチックカード上にウェディングドレス姿や子供の可愛い写真を印刷することもできます。

▶さまざまな応用

① 企業のポイント還元

最大の特徴は，インターネット上での決済や価値交換ができることから，ネットショッピングはもちろん，サーバー上に価値を持つ，各種ポイントをプリペイドカード上に集約できることです。

製造業などの消耗品など販売サイトのポイント還元は商品券や景品を送るに

VanillaVisa社のリワードカード残高確認サイト

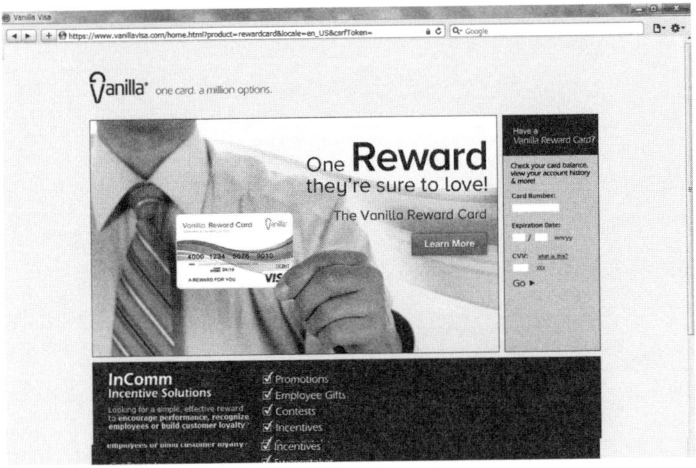

しても手間やコストが課題ですが，カード番号だけのネット送付であれば低コストです。海外ではプラスチックカードの送付も行われています。

②　ハウスギフトカード

ネットショッピングが盛んですが，ギフトカード上に国際ブランドを付けなくても，番号体系を国際ブランドに準じて採番すれば，ハウスギフトカードにすることができます。

この場合，ネットショッピングで該当国際ブランドの取扱いがあれば，そのままハウスギフトカードは国際ブランドに準じた決済スキームを利用できます。

③　ポイント集約カード

わが国のポイントカードの特徴は，ネットを通じ他のポイントとの交換や移行ができることにあります。現在はネット上での価値交換ですが，国際ブランドリワードカードのようなカードに集約しカードを発行すればネットポイントをリアル店舗で使用することが可能となります。

このような，新しいカードのビジネススキームやネットポイントとリアル店舗をつなぐ新たなカスタマーロイヤリティサービスは，2010年に施行された，資金決済法によるサーバー型プリペイドカードとの接続も想定される，新しいビジネススキームといえるでしょう。

F メール・イン・リベートカード

小売業の力が強いわが国では，製造業が自社のネット販売サイトを立ち上げても，既存流通ルートとの関係から，独自にセールスプロモーションを行うことは非常に困難です。

しかし，製造業もカード会社の取扱店や加盟店になれば，独自のプロモーションを展開することが可能になります。

それがメール・イン・リベートプロモーションです。

これは，製造業がカード会社の加盟店となって実現できるもので従来の流通経路に関係なくできる販売促進実施の手法です。

海外では製造業のメインバンクがカード（アクアイアラー）業務を行っていることもあり，この手法が広く行きわたっています。

わが国では，ながらく銀行がクレジットカード業務を行ってこなかったことから普及していませんが，資金決済法の施行により可能となりました。

具体的には

広告媒体やパッケージにクーポン（例：＄50 off）を表示します（ex.：http://goo.gl/3BHHA）。

消費者は任意の販売店で表示価格で購入します。

① 台紙（Mail in Rebateフォーム）を店舗で入手するかネットから出力
② レシートを台紙に貼付
③ クーポンを台紙に貼る
④ 郵送
⑤ クーポン分が入金された国際ブランドプリペイドカードが送付される
⑥ 製造業のネット販売サイトやリアル店舗で利用する

といった手順です。

もちろん，スマートフォンやパソコンと組み合わせてすべてをネットで完結

メール・イン・リベートで送られてきたカード

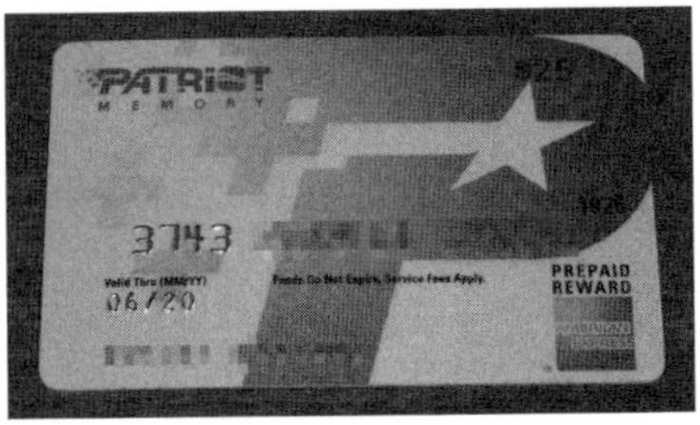

撮影：姥谷幸一

し，コストを大幅に削減できます。

一般的に製造業がセールスプロモーションを行う場合には，広告告知を大々的に行い，流通業の協力を得るために流通業に対し多種類のリベートを支払う商習慣があります。

メール・イン・リベートは流通業ではなく，消費者に直接還元するものです。

流通業へのリベートと異なり，顧客の情報が直接得られることや，各販売チャネルがどのような価格帯で自社製品を販売しているかなどのマーケティング情報が得られます。

さらに，自社で通信販売サイトを立ち上げている場合には，ハウスリワードカードとして，自社製品の直販サイトに消費者を誘引するトリガーになります。この場合ネット上で完結させればコストも大幅に削減されます。

最近ではSNSと連携して展開する事例が増加してきました。

A 世界で主流のブランドデビット&国内で主流のジェイデビット，これからの主役は？

デビットカードは，買物の際決済金額が銀行口座から即時に引き落とされるカードです。

わが国独自の「ジェイデビット」や中華人民共和国の「銀聯(ぎんれん)デビット」，そして国際ブランドを持つ「サインデビット」「PINデビット」があります。

▶デビットカードの狙いはコストシフト

デビットカードはデビットつまり簿記上の「借り方」のことです。

預金を持つ金融機関にとって，デビットカードのメリットはリテール（小口金融）バンキングにまつわる「キャッシュデリバリー」コストの削減にあります。BIS（Bank for International Settlements＝国際決済銀行）によれば，＄100の取引におけるコストは，支店窓口＄2.14，小切手＄1.08，ATM＄0.54に対しデビットカードによるショッピングは＄0.12にしかなりません。

わが国の場合，預金者が買物のために他行のATMを使用したとき，銀行の持ち出し分は105円／１件です。自行のATM運用コストは25～100円／１件といわれます。また公共料金の振替コストも25～100円／１件といわれます。

それに対し，デビットカードを小売店で利用した場合には，コストが削減されるだけではなく，利用金額に応じてイシュアフィーが収益として発行銀行にもたらされます。

また，既在のVisa，MasterCardの加盟店でそのまま使用できるため，加盟店の開拓も必要ありません。

▶キャッシュカードのIC化

現在，キャッシュカードのセキュリティ向上と国際化を目的として，IC化が進められています。しかし，ICカードは磁気カードに比べてカード単価が約10倍と大きなコスト要因となっています。

キャッシュカードにデビットカード機能を付加することにより，デビットカード収益が見込まれます。

デビットカードの狙い

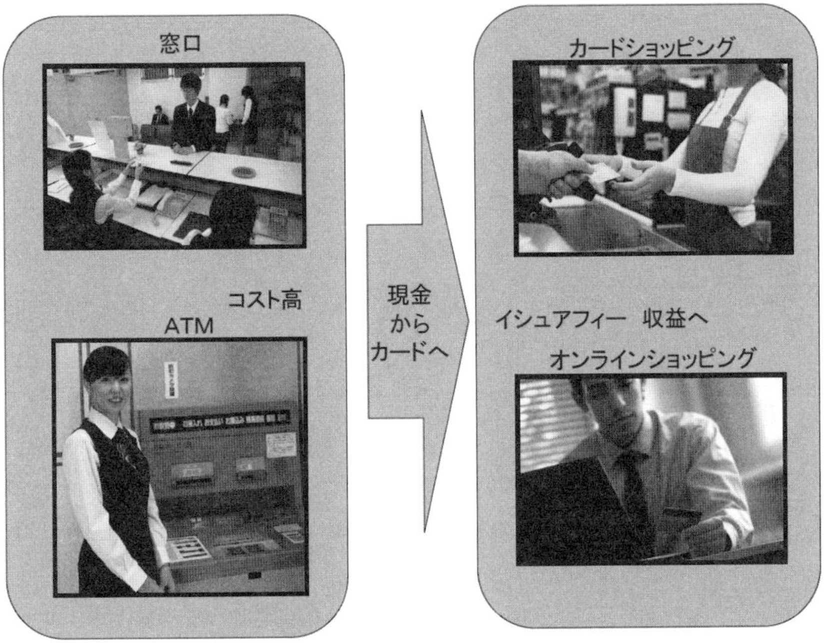
窓口
コスト高
ATM
現金
から
カードへ
カードショッピング
イシュアフィー　収益へ
オンラインショッピング

B ジェイデビット

わが国独自のデビットカードスキームで，新規にカードを発行することなく，発行済みのキャッシュカードをそのままショッピングに使用するのが特徴です。

▶審査不要

クレジットカードと異なり，審査が不要で，買物の際に現金の引き出しや振込手数料がかからないことが特長です。

加盟店店頭の端末と金融機関の勘定系システムを直結して決済を完了します。

導入後，その決済金額は2005年に8,014億円となりましたが，2009年には7,395億円となり，2012年には5,565億円に減少しています。当初クレジットカードに代わる商品との期待があったのですが，クレジットカードの決済金額49兆円[16]には届きそうにもありません。

使用できる店舗数が，クレジットカードの加盟店数から比べると，10分の１しかないことや，カードによって使用できる時間帯が異なる，アクセプタンスマークの未整備などが理由ではないかと思われます。

▶加盟店にとって有利な手数料体系

クレジットカードの加盟店手数料は一般的に定率ですが，ジェイデビットは契約金融機関（クレジットカードのアクワイアラーに相当）によっては，上限金額が設けられており，加盟店に有利な契約条件となっています。

したがって，家電量販店ではポイント付与でクレジットカード決済を受けるよりも，ジェイデビット決済を優遇する場合があります。

また，クレジットカードと比べて，限度額を預金額内で自由に設定できることから高額な決済にも使用できます。

2012年度のジェイデビットの業態別実績をみますと，全体の平均単価は約４万3,000円であり，家電量販店での決済が多くなっています。

平均単価では自動車関連が20万8,000円と高額です。

決済件数と，平均単価は下がりつつありますが，クレジットカードや電子マ

ジェイデビットのスキーム

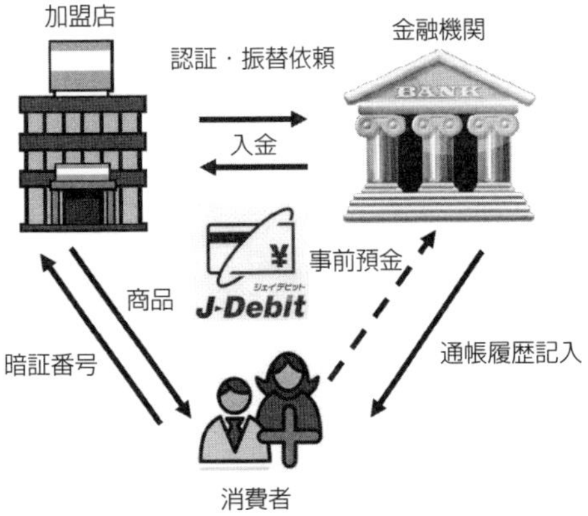

ジェイデビットの業態別実績（2012年）

	金額（百万円）	件数	平均単価（円）
百貨店	10,054	363,400	27,666
スーパー	208	35,100	5,926
衣類小売	5,092	343,800	14,811
食品小売	192	—	—
各種商品小売	1,146	126,400	9,066
自動車関連	1,334	6,400	208,438
家電	60,024	1,418,400	42,318
病院・医薬品・化粧品	3,257	122,800	26,523
証券・生保・損保	48,925	1,339,800	36,517
旅客運輸・運送	711	27,500	25,855
旅行・宿泊	679	7,000	97,000
タクシー	10	1,600	6,250
専門店ビル・商店街	1,777	80,600	22,047
各種学校・スクール	4,708	39,400	119,492
情報処理センター	191,209	8,163,100	23,424
その他	227,175	872,100	260,492
合計	556,501	12,947,400	42,982

ネーとの棲み分けが進みつつあります。

ただし海外では，VisaやMasterCardのデビットカードが急速に取扱いを拡大しています。しかし，ネット決済が困難であるなど課題を抱えています。

C 国際ブランドデビット

すでに発行済みのキャッシュカードを利用する「ジェイデビット」に対し，金融機関の口座に連動しながらVisaやMasterCardのロゴを添付して発行するのが，国際ブランドデビットカードです。

また，クレジットカードと異なり審査による信用供与がありませんので，幅広い対象に発行されます。海外の決済件数ではクレジットカードを凌駕し，急速に拡大しています。

ジェイデビット加盟店は国内だけですが，国際ブランドデビットは全世界の国際ブランド加盟店3,000万店以上で使用できるのが特長です。国内の加盟店だけでも，Visaの場合330万店とジェイデビットの10倍以上です。

通常，国際ブランドといえば，クレジットカードを思い浮かべますが，VisaやMasterCardはクレジット，デビット，プリペイドすべての決済を中継する，総合的なペイメントネットワークといえるでしょう。

▶加盟店は同一のカード決済処理

写真は，Visaブランドを持つクレジットカードとデビットカードですが，同一のVisaブランドアクセプタンスマークを持っており，一見しただけでは区別がつきません。

これは，国際ブランドが加盟店に対して，同一アクセプタンスマークを持つカードを同じ手順で処理することを求めているからです。国内では，支払い方法の選択を加盟店が求めてきますが，海外では稀です。海外でも利用されることから，発行する金融機関は24時間365日のシステム稼動を要求されます（別口座へのチャージ方式や，業務委託など新しいスキームが開発されています）。

▶国際ブランドデビットでできないこと

クレジットカードの特徴は，信用供与や保証機能です。したがって信用保証機能のないデビットカードはデポジット（保証金）には向いていません。具体的には，ホテルでの宿泊前デポジットやレンタカーなどでは，高額のデポジッ

わが国で発行されている国際ブランドクレジット，デビット

クレジットカード

デビットカード

ト料金が数日間保留されたままになるか，決済そのものに制限があります。

また，デビットカードは会員番号や会員氏名，有効期限がエンボス（浮き文字）されていないものもあり，インプリンター加盟店では使用できません（カード上にELECTRONIC USE ONLYの記載があります）。

▶高い収益

国際ブランドデビットカードは，国際ブランドクレジットカードと同じスキームで処理されますので，発行者にはクレジットカードと同じ手数料収入が得られます。

したがって，クレジットカードにつきものの債権リスクや大規模システム投資を必要とせずに，年会費，手数料，海外利用時の為替手数料が得られます。

ただし，米国内では大手銀行が発行するデビットカードには，ダービン修正条項により手数料上限が設けられています。

用語解説

インプリンター…カードのエンボス（浮き文字）を複写伝票に圧着し，カードの文字を伝票に転写する機械。

A 海外専用国際ブランドプリペイドカード

資金決済法の成立，施行にあわせ新しい国際ブランドカードが登場しました。

まず2012年１月に発表されたVisaブランドを持つ，株式会社ジェイティービー（JTB）が直接発行するVisaトラベルプリペイドカード「Money T Global」。そして，MasterCardのライセンスに基づきトラベレックスジャパン株式会社が発行する「MasterCard CASH PASSPORT」CURRNCY（現金）CARDと株式会社クレディセゾンが発行する「NEO MONEY」です。

発行元に金額を入金，つまりチャージして使うことからプリペイドカードに分類できますが，高い換金性から，わが国では資金移動手段に該当します。

▶海外専用

機能としては，ATMからの現金引出とカードショッピングです。

ただし，国内では使えず海外専用です。現在，海外旅行に欠かせなかったトラベラーズチェックは偽造や取扱コストの問題を抱えており，取扱いが減少しました。国際ブランドプリペイドカードはトラベラーズチェックの代替決済手段として拡大するでしょう。いずれも，短期間で発行され，追加入金が可能です。国内や海外からの入金は，インターネット経由で行うほかに，MasterCardでは，国内の家族による追加入金が可能です。

MasterCardは，海外サイトでのインターネット決済が可能です。

JTBとクレディセゾンのVisaは円建てですが，トラベレックス社のMasterCardは円建て，米ドル，ユーロ，豪ドル，ポンドの５通貨に対応するほか，銀聯ブランドがあります。

円建ての場合，海外での利用時の為替レートで決済されますが，海外通貨建ての場合は入金時のレートが適用されますので，為替変動リスクから開放されるといった特長があります。預金保険の対象ではありませんが一種の外貨購入に近いといえるでしょう。

海外専用プリペイドカード

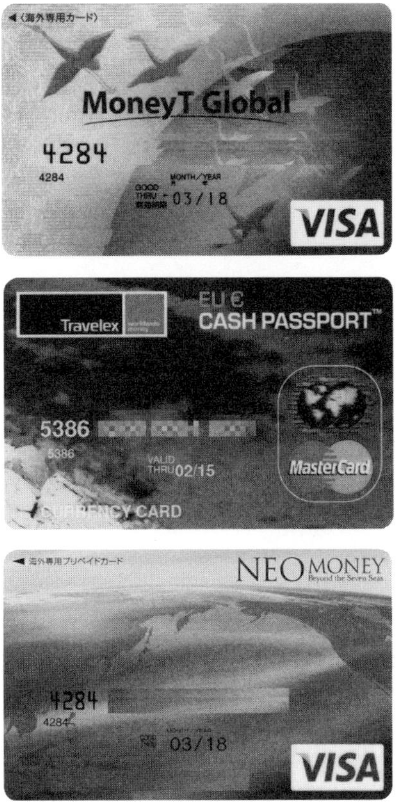

▶現実の使用感

海外の一般加盟店やATMでは，クレジットカードと同様に使えます。認証はサインもしくは暗証番号です。ネットからの入金も簡単にできます。

▶新たなビジネスチャンス

資金決済法に基づき，資金移動業者としての登録が必要ですが，国際ブランドプリペイドカードは，発行に必要な本人確認やネット決済環境が整っている国内クレジットカード発行会社にとって新たなビジネスチャンスになる可能性を秘めています。

B 国際ブランドカードのビジネススキーム

クレジット，デビット，プリペイド（ギフト，リワード）すべてに国際ブランドを冠した決済カードが存在していますが，同じ決済スキームを使用しています。

それでは，消費者が加盟店でのショッピングに，国際ブランドカードを使用した場合，イシュア，アクアイアラー，加盟店，国際ブランド管理会社，それぞれの収入がどのようなしくみで分配されるかを見てみましょう。

▶イシュア（カード発行会社）

イシュアの収入は，カードを発行した会員から得られる収入とアクアイアラーから得られる収入があります。

まず，消費者からは，年会費，分割払いやリボ払いの金利手数料，キャッシング（出金や融資）の手数料などです。

アクアイアラーから得られる収入は，自社が発行したカードが加盟店で利用された場合，その加盟店との契約アクアイアラーからイシュアフィー（手数料）が得られます。アクアイアラーからの手数料は，国際ブランド管理会社によって業種別に決められています。

▶アクアイアラー（加盟店契約会社）

アクアイアラーの収入は，加盟店で使用された国際ブランドカードの取扱手数料である加盟店手数料です。アクアイアラーは使用された国際ブランドカードを発行したイシュアにイシュアフィーを払います。

つまり，収入は加盟店手数料からイシュアフィーを引いたものになります。したがって，イシュアフィーを下回る加盟店手数料で契約をすると逆ザヤが発生します。

わが国のカード会社はイシュアとアクアイアラーを兼務している場合が多くあります。その場合，自社で発行したカードが自社で契約している加盟店で使用されるケースがありますが，これをオンアス取引といいます。

国際ブランド決済カードのスキーム

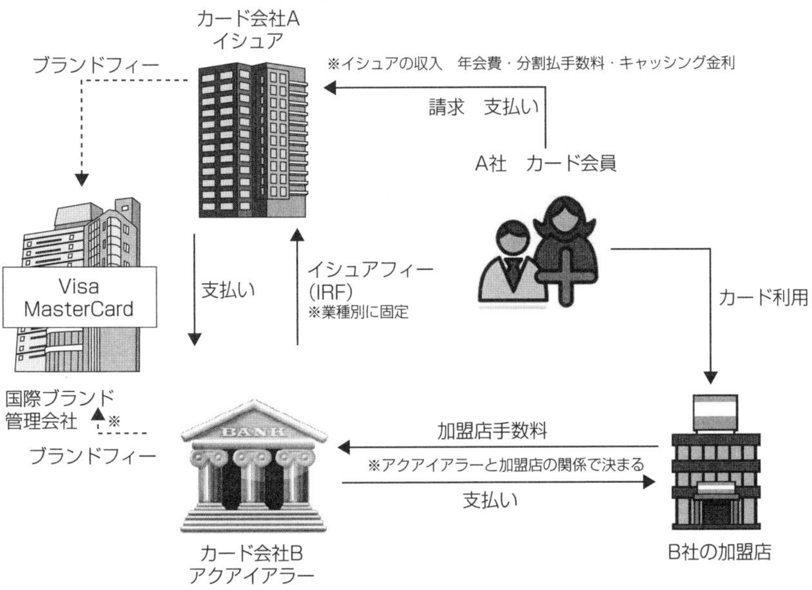

※メンバーの申告による
従量制課金（ボリュームサービスフィー），他にネットワークフィー，プレミアカードフィー

▶国際ブランド管理会社

イシュアとアクアイアラーの申告に基づき，従量制課金（ボリュームサービスフィー），ネットワークフィー，プレミアカードフィーなどのブランドフィーが収入となります。

コラム

電子マネーとクレジットの関係は？

広義の電子マネーには，ポストペイ（ID，QUICPayなど）とチャージ型プリペイドカード（Edy,Suica）があります。

▶なぜ電子マネーにクレジットが使われるか？

ポストペイ型電子マネーには，後払いのリスクを避けるためクレジット機能が使われます。また，クレジットはチャージ型電子マネーへの入金にも使われます。

従来は現金による入金でしたが，現金には下記の欠点があるからです。

1　紙幣入金部品が高額
2　偽造紙幣への対応
3　金種変更，新札対応の際，改修費が膨大となる。
4　屋外設置が困難
5　雨，汗，折れ紙幣の際，機器トラブルが発生
6　機器メンテナンスコストの発生
7　回収，計算，入金など現金取扱に関わるコスト（キャッシュハンドリングコスト）

もちろん，入金のキャッシュレス化には口座振替がありますが，クレジットにはどんな特長があるのでしょうか？

①　後払いによる再計算機能

関西にはPiTaPaという交通系ICカードがあります。このカードは同一区間を一定回数乗ると，回数券の価格や定期券の価格になるといった自動割引機能があります。これはクレジットの機能ですね。

②　国境を越える

SuicaやEdyにチャージするとき，海外発行の外貨口座を決済に使うクレジットカードを使用すると，外国通貨で国内の交通機関を利用できますね。

逆を考えてみましょう，欧州をはじめ海外では，日本国内でおさいふケータイ型電子マネーに使えるSuicaと上位互換の規格（NFC規格）を持つカードや携帯電話が実用段階を迎えています。「円」で海外の交通機関や電子マネーを使える時代がくるでしょう。すでに，韓国では関西の民鉄で使用できる「韓国通貨決済型」PiTaPaが発行されています。

第Ⅲ部

カードの新技術とスマートフォン

◆

第Ⅲ部では，カードを構成する媒体の種類と用途について説明します。カードはシステムへのアクセスキーとしての機械適性と，システムへの適性が重要です。
また，スマートフォンの登場により，O2Oなど最新技術がカードビジネスに与える影響を解説します。

◆

A 用途に応じたさまざまな分類

▶データキャリー分類と素材分類

カードは，磁気テープやICチップにさまざまな情報を格納することができます。ただし，注意が必要な点は，その情報を書き換えることができるかどうかでしょう。具体的には，図書カードやQUOカード，磁気テレホンカードに使用されるPET（ポリ・エチレン・テレフタレート）磁気カードは，使用の都度，カード上の残高情報を書き換えています。

また，ICカードも情報を書き換えるのに適したカードです。

一方，クレジットカードや銀行の発行するPVC（ポリ塩化ビニル）磁気キャッシュカードは基本的にカード上の情報を書き換えることはありません。キャッシュカードやクレジットカード上の磁気情報は，ネットワーク上にあるデータベースへのアクセスキーである会員番号や口座番号の読取専用です。

▶バーコード

流通業のPOSにはJANコードリーダーが装備されています。また，携帯電話にもさまざまなバーコードやQRコードを読んだり表示する機能が付いています。カード上にバーコードを印刷して用途を拡大することもできます。

▶データ通信分類

カードはリーダーライターやその上位システムと連携してさまざまな処理を行います。もっとも単純なシステムとして，薄手のPETカードとリーダーライターだけで構成される磁気製テレホンカードがあります。このような上位システムに接続されない方式をスタンドアロン方式と呼び，小規模企業のポイントカードなどに使用されます。同様のカードにQUOカードや図書カードがあります。

それに対し，キャッシュカードやクレジットカードなど，通信回線を介して上位システムと接続されているものをオンラインシステムと呼びます。

以前のパソコンは，文書作成など単独で使用するスタンドアロン方式でした

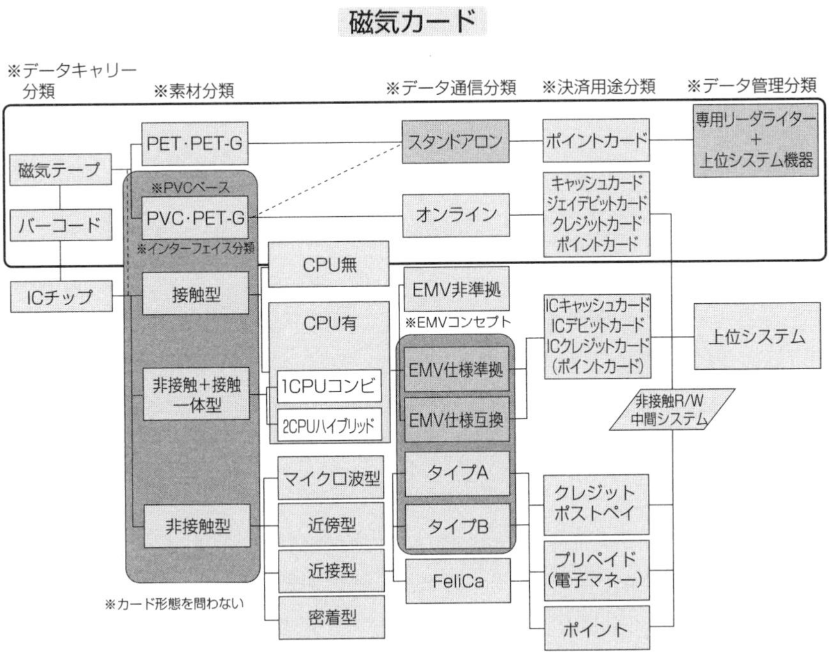

が，現在はインターネットを介して，さまざまな上位システムに接続されるオンライン方式に近づいています。

B ICカード

ICカードはインターフェイス上の分類で接触型と非接触型，そして接触・非接触一体型があります。そして，一体型には，単純に接触ユニットと非接触ユニットを１枚のカード基盤に封じ込めた２つのCPUを持つハイブリッドタイプと，１つのCPUが接触端子と非接触アンテナという２種類のインターフェイスを持つコンビタイプの２種類があります。また，ICカードにはCPUを持たない単なるメモリーだけで構成されたICカードがありますが，情報処理機能はありません。

クレジットカードやキャッシュカードに使用されるICカードは，EMV仕様に準拠しています。EMVとはEuropay，MasterCard International，Visa Internationalの３社が取り決めた，決済に用いられるICカードの世界共通規格です。端末間のインタフェース，端末内の処理ロジック，セキュリティ機能などを規定しています。端末の設置コストを軽減できるうえ，加盟店でのカードの取扱いも共通化できるというメリットを持っています。このEMVコンセプトは決済用の非接触ICカードにも展開されています。

非接触ICカードは，RFID（Radio Frequency IDentification「ラジオ周波数電波による個体識別」の略）の１種で「ICタグ」などの名称で呼ばれています。決済分野で使用される非接触ICカードは主に13.56MHz帯を使用します。

▶国内と国外で異なる決済用非接触IC規格

ただし，同じ13.56MHzを使用していても，国内で圧倒的なシェアを持つFeliCaと世界共通であるEMV（ISO／14443 TypeA,B）とは規格が異なります。スピードが重要視される交通系乗車券から発展したFeliCaと，決済分野での認証を重視するEMVとのコンセプトの違いですが，NFC（Near Field Communication「近距離無線通信技術」）の規格化（ISO／21481）により上位互換が可能となりました。

両規格の最大の違いは，EMV（ISO／14443 TypeA,B）がクレジットカー

ICカード

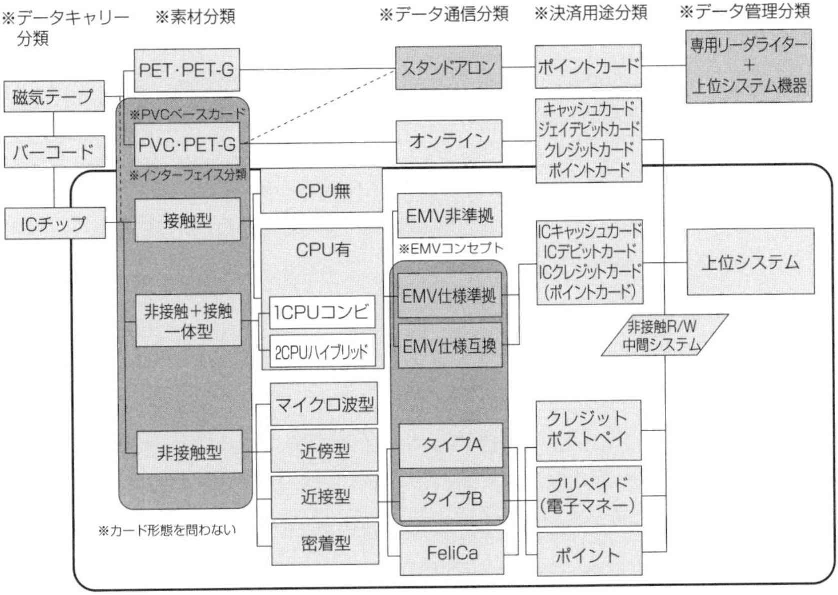

小型非接触タグ（長さ数cm）

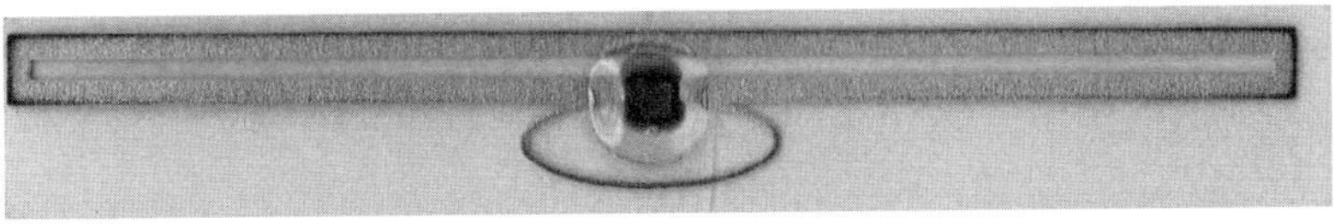

ドなどの決済番号をチップ内に持つことです。一方，FeliCaは決済番号をチップ内に持たず，別途の識別番号を中間システムに送り，決済番号に変換しています。

C コンタクトレスコマース（非接触IC決済）の可能性

非接触ICはRFIDの１種であり，さまざまな形状のタグにID情報を埋め込み，電磁界や電波などを用いて，無線通信によって情報をやりとりするもの，およびその技術全般を指しています。そして，使用されるさまざまな技術要素によって交信距離や機能に特徴があります。

その基本的なシステムは，ミサイル誘導時の誤爆を防ぐための敵味方判別から派生したとされ，数十年の歴史を持っているといわれています。

民生用としては1980年後半から1990年初頭に家畜の固体識別用や長距離走の記録計測に用いられてきました。また，国内では比較的早期に原子力設備の放射線被爆歴やガスボンベの充填履歴管理に採用されてきました。

今後は，物流面でバーコードと同様にすべての製品に取り付けられ，製品識別と管理システムを構成する基盤技術となることを目指して開発が続けられており，特にコンタクトレスコマース（非接触決済）領域については，カード型が主流となっています。

▶周波数と電源による特長

一般的に決済カードに使用される規格は，短波帯13.56MHzを使用する10cm以下の近接型通信（ISO14443）型が主流を占めますが，一部には通信距離が70cm程度にまで対応できる中波帯134.2kHzを使用する長さ数cmのスティック状タグも使用されています。

この中波帯134.2kHz帯の非接触ICは汚濁に強く，数cm水没していても交信が可能なことからキーホルダや腕時計に内蔵され，Speedpassの名称でエクソンモービル系のガソリンスタンドで広く利用されています。

また，数cmから７mなど比較的長距離の交信を実現するUHF帯860M～960MHzや2.45GHzもありますが，水に弱いという弱点があります。

ICチップへの電源供給方式では電池を内蔵するアクティブと電池を内蔵しないパッシブに分類されますがパッシブ型は外部からの電源供給として電磁結

Speedpassに内蔵された中波帯タグ

Speedpassタグ内蔵時計

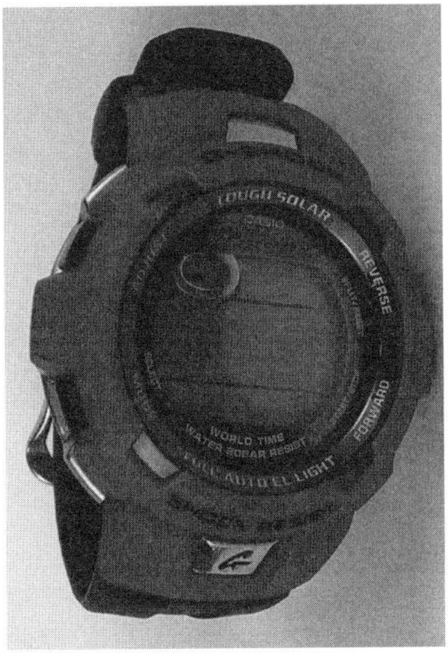

合，電磁誘導もしくはマイクロ波を用います。通信可能な距離は，アクティブ型が長く，搭載するICチップの消費電力が小さいほど通信距離は伸びます。

　コンタクトレスコマースに使用されるカード型は，その形態上の制限から電源を搭載しないパッシブ型が主流となっています。

D 非接触ICタグ
～システム構成と情報記録

基本的には各種のタグと対応するリーダー（ライター）で基本的なシステムが構成され，アンテナ，ミドルウェア，アプリケーションを内蔵しています。

タグの情報記録には大きく３つの方式があります。

- **リードオンリー型（Read Only）**：読み出し専用のタグ。ICチップ製造時にデータを書き込み，情報の読み出しのみを行う。
- **ライトワンス・リードメニー型（Write Once Read Many）**：利用の際に一度だけ書き込むことができ，以後は読み出し専用となるタグ。
- **リードライト型（Read Write）**：何度でもデータの書き込みが可能なタグ。

▶各種のコンタクトレスコマース

それでは，現在コンタクトレスコマースや交通系決済で主流となっているカード型非接触ICは，電源を搭載しないリードライト型で13.56MHz通信を行う方式です（携帯電話に内蔵される「おさいふケータイ」には電源が必要です）。

ただし，同じ13.56MHzを使用する規格には３種あります。

- ISO/IEC 14443 Type A（Mifare® 欧州で広く普及，国内ではICテレホンカードとタスポなどに採用）
- ISO/IEC 14443 Type B（住民基本台帳カード，運転免許証，社員証，学生証など）
- Suica，Edy，PASMO，ICOCA，おサイフケータイなど，国内で交通系カードや電子マネーとして広く普及しているFeliCa

これをクレジット決済で見てみると，国際的な汎用規格ではEMVの世界共通規格の上に構築された共通プロトコル（通信手段）を基盤とするMasterCard PayPass，Visa Visa payWave，JCB J/Speedy，AmericanExpress expresspayでクレジットばかりでなく，デビットやプ

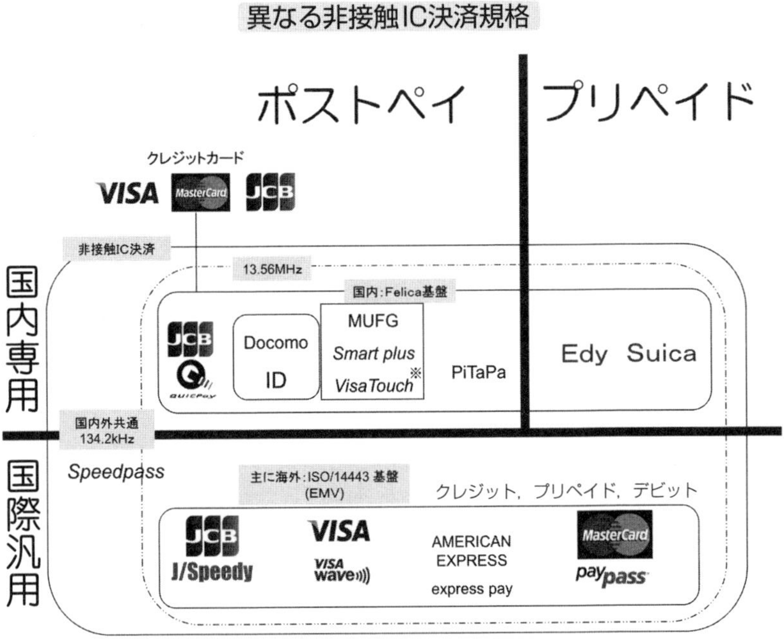

※2014年６月30日サービス終了

リペイドなど決済全般に使用されます。

そして国内はFeliCaを基盤とするJCB QUICPay，Visa Touch（Smart plus），NTT docomo iDが存在します。また，Suica，Edy，PASMO，ICOCAなどはプリペイドです。

国内専用規格であるVisa Touchは2014年６月30日にサービスを終了し，国際汎用規格であるVisa payWaveが拡大します。

E コンタクトレスコマースの未来

コンタクトレス（非接触）コマースの仕様が国内と海外で大きく分かれている状況を見ると，磁気ストライプと同様であり，将来の展開が懸念されます。

しかし，磁気ストライプと非接触ICには機構上大きな相違点があります。それは非接触ICには稼動部分がない点です。

なぜなら，稼動部分を持たないということはリーダーライターの設計や製造の制約条件が緩和されることを意味するからです。

磁気カードや接触ICカードの場合，ATMやクレジットカード処理端末の内部で，磁気ストライプを読む磁気ヘッドを表裏に追加する場合には，ハードウェアの改修が必要なため，膨大なコストが発生します。

そして，国内で非接触ICが登場した当初，Suica，Edyなどさまざまな非接触ICカードのリーダーライター乱立が危惧されたのですが，比較的短時間で共用端末が開発されました。

また，米国においてもドラッグストアのDuane Readeやコンビニエンスストアチェーンの7-ElevenではMasterCard PayPassとAmericanExpress expresspay，Visa payWaveの共用端末が稼動しており，アジアでも非接触共用端末の設置が進んでいます。

そして，最も注目すべきは携帯電話によるコンタクトレスコマースの広がりです。携帯電話を電子決済に使用する場合のメリットはセキュリティが大幅に向上することです。

なぜなら，通常カードの盗難紛失に際してはオンライン上で不正利用を阻止するのですが，オフラインでの使用を止めることはできません。また紛失や盗難にあったEdyなど電子マネーの利用阻止も困難です。

しかし，携帯電話の場合は「3分間に5回同じ電話番号から着信ありの場合は全機能をロック」といったサービスが可能です。

現在，FeliCaとISO/IEC 14443の双方に上位互換性を持つ次世代標準規格

Suica

非接触ICで決済

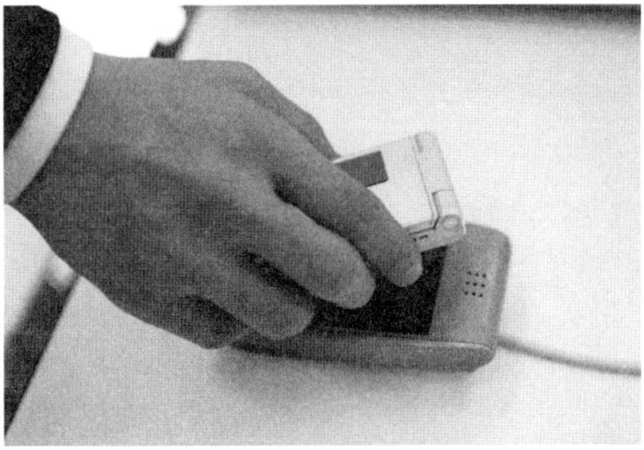

NFC（Near Field Communication＝近距離通信）が制定されました。今後，携帯電話による非接触IC決済は国内・国際規格の相互参入が進みます。

2010年春以降，南仏ニースではNFC携帯電話を用いた交通と決済の商用実験が開始され，全世界でスマートフォン決済が拡大しつつあります。

F 非接触が決済場面にもたらすもの

クレジットにおいて非接触ICの登場と携帯電話への搭載は，歴史上プラスチックカード登場と同様のインパクトを与える可能性があります。特に，わが国における顕著な変化は，消費者が自らカードを端末にかざし処理するという，カードのオペレーションが店側から消費者側に移ったことでしょう。

国内の磁気カード読み取りは，ATMに代表されるように，カードを差し込めば自動的に引き込むメカニカルなカードリーダーがほとんどです。一方，海外の総合スーパーで見られる集中レジカウンターでは，消費者がフリーハンドで直接磁気カードをスリットにスワイプ（Swipe，Swiping）して読み込ませるPOSが見られます。これはわが国ではほとんど設置例を見ません。

実は，国内でも磁気カードを消費者側に直接操作させるアプローチは度々試行されていたのですが，なかなか根付いていません。なぜなら，カードを読ませる前にリーダーライターを起動する操作がわかりにくいことと，カードを差し込む方向が一般消費者には判別しがたいためです。

具体的には「カードの磁気ストライプを下にして」「表面を左に」といってもどちらが表か一般人にはわかりません。そしてクレジットカードの旧JISⅡ型磁気ストライプはカードデザインの下にあり見ることができません。また，磁気ヘッドを通過させる速度にも慣れが必要です。

これに対し，近づけるだけで良い非接触ICカードのオペレーションは快適です。特にFeliCaは通信速度の速さが読み取りの安定性に大きく寄与しています。

そして，非接触IC機器で特筆すべきなのはリーダー部分の設計と製造，さらにPOS等の既存機器への取り付けの容易さです。

磁気リーダーや紙幣読取ユニットは，その構造上一定の奥行きが必要であり，フリーハンドの磁気リーダーに至っては開口部が大きく，既存の機器への搭載には大きな改造が必要となります。

しかし，非接触ICリーダーはアンテナ部分を分離することが可能です。

非接触決済は消費者がタッチ

POSや自販機の筐体が通信を阻害する材質でさえなければ既存機器への内蔵化も可能であり，筐体の設計および製造の自由度が格段に向上しています。

コラム

海外では磁気カードはなくなるのか？

加盟店の端末がどうなるかです。国際ブランドは全世界にさまざまな加盟店を持っており，そのすべての加盟店でカードの使用ができなければなりません。

たとえば，最も古いカード上の情報媒体としてエンボス文字があります。これは，いまでもインプリンターで伝票を作成する際に用います。1961年から半世紀近い歴史がありますが，数年前からこのエンボスのないカードが国際ブランドで認可されました。

つまり，磁気ストライプを読み取るリーダーからICカードを読み取るリーダーにすべて置き換わらなければ，磁気カードがなくなることはありません。

磁気カードがなくなるというよりも，非接触ICの搭載などさまざまな情報媒体がどんどんカード上に追加されていくと考えたほうがよさそうですね。そのなかで，非接触ICを搭載した携帯電話やRFIDタグなど新しい決済媒体が利用シーンに応じて採用されるでしょう。

G 財布のなかで増殖するカード

上位機器にUSB等で接続できる非接触ICリーダーは，磁気リーダーに比較して，磁気ヘッドや駆動モーターなどが不要で部品点数が少なく，民生機器として一般に大量販売されるため，量産効果で3,000円程度になります。

今後の非接触ICによる決済市場の拡大を考えるとき，この端末の低価格化は大きな可能性を秘めています。特に，流通業界で普及が進んでいるPC－POSはOSにWindowsを採用しているため，USB非接触ICリーダーとの接続が容易です。

このように，非接触ICは端末側，言い換えれば加盟店側に恩恵をもたらしますが，消費者にとっては別の新たな課題が生じています。

それはカードの枚数です。わが国のすべてのカード市場は，TV機器に内蔵されるデジタル放送用ICカードとパチンコ用プリペイドカードを除くと，年間約５億枚[17]といわれます。このうち非接触ICは8,000万～9,000万枚を占めます。

つまり，15歳以上64歳以下の生産人口を8,100万人（総務省統計局：平成23年推計）とすると１人あたりのカード増加枚数は年間６枚，非接触ICカードは毎年１枚が増加することになります。

2008年には「タスポ」が登場し，さらに2009年には運転免許証のICカード化や社会保障カード（仮称）の導入。そして，ギフトカードなど，新たなカード発行も控えています。不用なカードはタンスにしまっておけばいいのですが，社会のシステム化により，カードの重要性はますます高まります。

したがって，常時身に着ける必要のあるカードの枚数は拡大する一方といえるでしょう。

朝電車に乗り，自販機で飲み物を買い，出張で飛行機や新幹線に乗り，ランチを食べ，書店で本を買い，コンビニでの買物の後，バーで一杯飲んで，タクシーで帰宅…という一連の行動のなかで，朝から晩まで財布にある現金に一度も触れずに過ごす日が最近増えているのではないでしょうか。

増加するカード類

都内のデパートで一般的に入手できるカードケースの最大容量は，かつて30枚であったものがついには46枚となっています。

この状況を解決するのはスマートフォンの非接触IC決済かもしれません。

コラム

カードの多機能化や発行種類の拡大に伴い，カードそのものの「かたち」は変わるのか？

磁気ストライプとエンボスがありますから「かたち」の変更はなかなか難しいですね。2008年８月で受付が終了しましたが，Visaのminiカードもありました。

ただし，インプリンター店舗やATMでは使用できません。

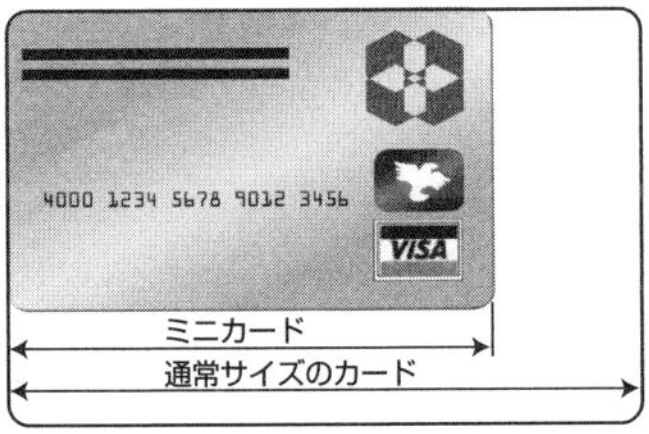

H カード上の情報媒体

プラスチックカード化の目的は，携帯性などの利便性を向上することと，機械処理への適合を果たすためです。

カードは，その導入初期から現在に至るまで，文字の視認と伝票上への圧着印字に適したコンベックス（楕円，浮き）文字がカードにエンボス加工されてきました。

特に，1950年代，伝票などの事務処理がコンピューター処理へと移行するに従い，カード上に磁気ストライプを貼付し情報を記録することにより，カードは初めてコンピューターへのアクセスキーとなりました（最近はJR東日本発行のViewカードなどのように，コンベックス文字を用いない，磁気ストライプやICチップの使用に限定した，「ELECTRONIC USE ONLY」＝電子決済専用カードも増加しています）。

▶海外と国内では異なる磁気ストライプ

現在，国内で発行される金融機関のキャッシュカードは，磁気ストライプがカード表面にある旧JISⅡ型が一般的です。しかし，海外ではキャッシュカードもクレジットカードも磁気ストライプが裏面にあるJIS標準規格（旧JISⅠ）が主流となっています。

そのため国内で発行された表面だけに磁気ストライプを持つ金融機関キャッシュカードは，海外の裏面磁気ストライプ対応ATMでは処理できません。

また，海外で発行された裏面磁気ストライプのキャッシュカードやクレジットカードは，国内の表面磁気ストライプ対応専用のATMでは処理できません。

わが国のクレジットカード端末の多くは，表裏面の磁気ストライプを同時に読み取り，裏面のJIS標準規格を優先的に取り扱いますが，一部の旧型カード端末の場合，表面の旧JISⅡ型磁気ストライプを優先するものがあり，裏面磁気ストライプの海外発行カードが読めない場合もあります。

なお，わが国のクレジットカードは表面に磁気ストライプを実装しています

カードの情報媒体

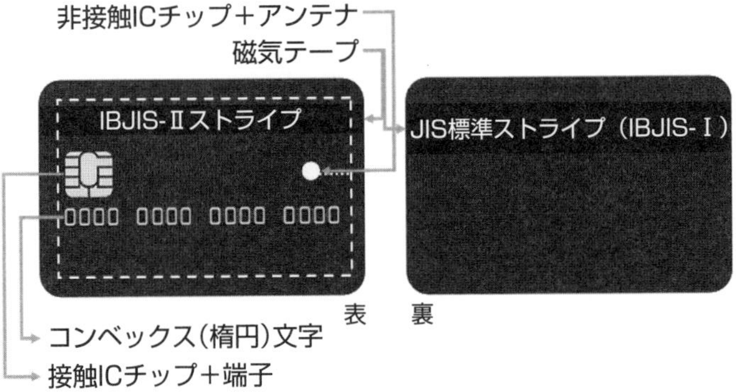

が，磁気ストライプ上にも印刷をほどこすことにより，一見しただけでは表面に隠れている磁気テープの存在はわかりません。

コラム

国内でのICカードの普及はどのように進むか？

2008年からアジア太平洋地域では新規の端末はすべてIC対応になっています。

そして2015年が最も大きな変革の年になるといわれています。

なぜなら2015年から米国でもICカード化がスタートするからです。米国の磁気カードはほとんど有効期限が２年ですから2017年には米国もIC化が完了する可能性があります。

こうなると，日本が最もICカード後進国になります。わが国では現在発行されるカードにはまだ磁気カードがありしかも有効期限が５年以上となっているカードもあります。カード犯罪者は最もセキュリティの弱い国に集まりますから，日本はカード犯罪天国になり，世界中からIC化の圧力が強まる可能性があります。

それと，ICカード化が進んでも，ICカードからスキミングした磁気データを使ったクローンカードは簡単に偽造できますから，英国に事例を見るまでもなく，クローンカードをIC化が進んでいない加盟店に持ち込む犯罪や，ICには関係ない非対面（ネット通販など）取引に悪用されることになります。

したがってIC化と非対面取引の不正対策を進める必要があります。

I カードのセキュリティ

カードのセキュリティは，銀行ATMとキャッシュカードに代表されるように，通信回線とオンラインでつながれたコンピューターシステムで構成されています。

▶磁気カードとオンラインセキュリティ

コンピューターは，通信回線で送られてきたカードの取引データを常に監視しています。

具体的にいうと，暗証番号のチェックや残高照合です。

クレジットカードの場合には，さらに詳しいチェックを短時間に処理します。たとえば，換金性の高い商品を扱う店舗で繰り返し購入していないか？　短期間に高額の利用が繰り返されていないか？　距離の離れた店舗同士で短時間に購入していないか？　などです。つまり不自然な取引を，コンピューターが磁気カードやPOSから送られてくる各種のデータをもとに，過去の分析結果から判定するのです。

取引の基本である磁気テープ上の情報は目には見えないため，当初はセキュリティの保持が可能でした。しかし，カード関連機器，特に磁気リーダーライターが一般に販売され，磁気情報の読み取りと解析，そして記録が可能となりました。

それにより，カード伝票のカード番号をもとにして，磁気情報が偽造カードへと簡単に書き込みできるようになったため，後に磁気情報に暗号処理をほどこすなどの対策がとられました。

しかし，暗号処理といえども磁気情報をそのままスキミング（読み取り）し，同一の情報を偽造カード上にそのまま複製するクローンカードには，対応できません。したがって，現在では偽造贋造対策として，複製が困難なICチップをカード上に搭載し，偽造や贋造に対応しています。

決済カードはセキュリティが最重要

現金を超える決済カード

▶ICカードとオフラインセキュリティ

ICカードは，通信回線上にある認証局コンピューターで発行された「鍵」によりICカードやICリーダーライターが相互に認証しあうことでセキュリティを確保しています。

つまり，オンライン上のコンピューター判定の役割を一部，ICカードとリーダーライターで処理するオフラインセキュリティです。それでも一定条件では，オンライン上のコンピューターと接続しその安全性を高めています。そして，カードとリーダーライター間で認証が成立する場合は，通信回線を使用せずに取引を成立させることができます。よって，オンラインに比べてシステム全体の処理速度が向上します。

全体として，決済カードは現金決済を超えるメリットを追求しているといえるでしょう。

J ICカードとPKI（public key infrastructure：公開鍵基盤）

ICカードには，公開鍵という基盤技術PKIが採用されています。このPKIにより，「盗聴，改ざん，なりすまし，否認」を防止します。

▶PKI 3つの基本

以下の「施錠」とは，取引内容を暗号化することで，「開錠」とは暗号を解く復号化のことです。

① 公開鍵と秘密鍵の2種類がペアとなっています。

一般的には1種類の鍵で施錠したものは同じ鍵で開錠します。これを「共通」鍵方式といいます。「公開」鍵方式では一方の鍵で施錠したものはペアを組む別の鍵でしか開錠できません。

② 秘密鍵は作成者の手元においておきます。

③ 秘密鍵で施錠したものはペアとなる公開鍵で開錠します。

▶ICカードにおけるPKI

カード発行者，つまりイシュアはカード発行者公開鍵とペアになる秘密鍵を作成します。イシュアは公開鍵を認証局に送ります。

認証局は認証局独自の公開鍵と秘密鍵ペアを生成し，イシュアから送られてきた公開鍵を暗号化してイシュアに返します。

イシュアはイシュア秘密鍵で電文を暗号化し，認証局から送られてきた暗号化された公開鍵とともに元の電文をICチップのなかに入れます。このICチップを搭載したICカードがカード会員に発行されます。

一方，認証局は認証局公開鍵をアクアイアラー経由で加盟店に渡しておきます。

カード会員が，加盟店に行きICカードで決済するとき，加盟店の端末には認証局公開鍵が入っています。ICカードには認証局秘密鍵で施錠されたカード発行者公開鍵が入っていますから，加盟店の認証局公開鍵でカード発行者公開鍵を取り出します。

PKIのしくみ

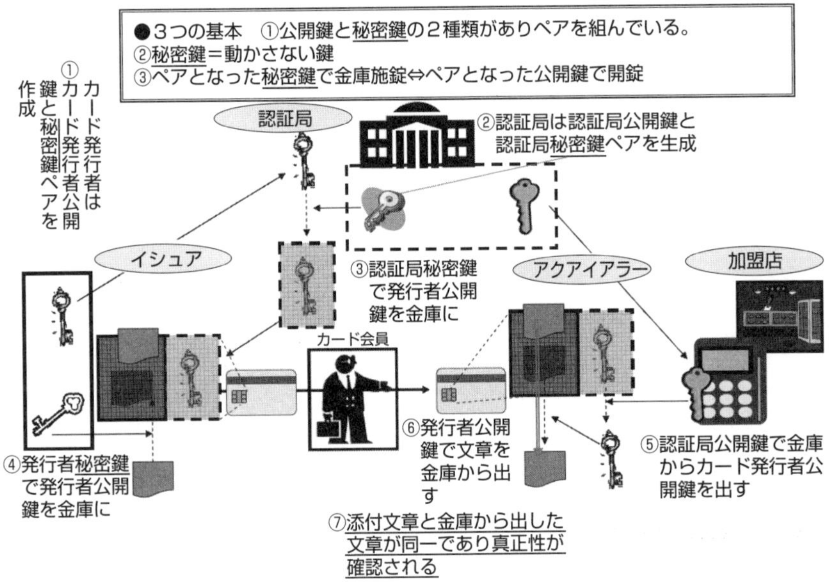
●3つの基本　①公開鍵と秘密鍵の２種類がありペアを組んでいる。
②秘密鍵＝動かさない鍵
③ペアとなった秘密鍵で金庫施錠⇔ペアとなった公開鍵で開錠
①カード発行者はカード発行者公開鍵と秘密鍵ペアを作成
認証局
②認証局は認証局公開鍵と認証局秘密鍵ペアを生成
イシュア
③認証局秘密鍵で発行者公開鍵を金庫に
アクアイアラー
加盟店
カード会員
④発行者秘密鍵で発行者公開鍵を金庫に
⑥発行者公開鍵で文章を金庫から出す
⑤認証局公開鍵で金庫からカード発行者公開鍵を出す
⑦添付文章と金庫から出した文章が同一であり真正性が確認される

取り出したカード発行者公開鍵があれば，カード発行者秘密鍵で施錠された電文が開錠，つまり復号化されます。復号化された電文とICカードに添えられた元の電文を比較して同一内容であれば，本物であることが証明されたことになります。

おそらく，現在得られる最も高度な認証方式でしょう。しかし，暗号化の技術そのものは未来永劫安全性が保たれるわけではありません。情報処理の高速化により，いずれは現在の暗号方式も破られる時が来るでしょう。クレジットカードには有効期限がありますが，期限が到来するたびに新しいセキュリティが盛り込まれます。

K 新しい機能には新しい思想が必要

すでに欧州では，仏製のICクレジットカード用モバイル端末が普及しています。Squareなどスマートフォン端末には，ICカード対応など将来に向けた課題もありますが，新しい通信デバイスの特徴は高速通信の利用にあるといえるでしょう。iPhone端末は，会員の顔写真や加盟店の地図表示など，従来の回線速度では実現できない機能を備えています。

GPS機能を使用して，端末の移動を制限するなど，新しい機能を最大限駆使し，不正使用をコントロールすることも可能でしょう。

しかし，なにより重要なことは，カード端末の本体部分にスマートフォンなど汎用の端末を採用することにより，コストを下げ，カード加盟店への新規加入ハードルを下げることです。

ペイメントカードの競争相手はキャッシュです。日常の低単価ショッピングにペイメントカード利用を拡大するためには，クレジットカードに加え，国際ブランドプリペイドや非接触ICポストペイなどの新しい決済スキームの投入とともに，加盟店開拓が欠かせません。

スマートフォンなど高機能携帯と非接触ICデバイスは，閉塞したカード事業にブレイクスルーをもたらす可能性を持っています。

わが国の携帯電話には「おサイフケータイ」があります。FeliCaがその基盤ですが，海外で普及が始まったTypeA，Bカード端末との上位互換を持つNFCも規格化されました。

わが国の高機能携帯は非接触ICカードの代替だけではなく，そのリーダーライターとも成りうる可能性をも秘めています。つまり，非接触ICの少額決済については，高機能携帯電話を加盟店端末に転用できる可能性があるといえるでしょう。

カードビジネスを加速する技術基盤はすでに整っています。閉塞したカード市場の変革には，思い切って思想を切り替える必要があるのかもしれません。

欧州のモバイル端末

あわせて加盟店への精算タイミングを短縮するなど，加盟店のキャッシュフローを改善する施策も必要です。

コラム

電子マネービジネスは儲からない？

Edy発行母体ビットワレットの累積赤字を見ると，単独の事業スキームでは苦戦しています。

ただし，nanaco，WAONなど流通系が母体の場合，社外へ出てゆく手数料の内部留保となり，親会社の支援業務，つまり販促やマーケティング活動の一環ですので，本業とのシナジー効果が期待できます。

また，Suicaのような鉄道事業者ですが，非接触IC乗車券そもそもの導入目的が不正乗車対策，磁気乗車券対応コストの減少であり，電子マネーは追加ビジネスの位置づけでした。

L 非対面取引（ネット決済）の安全性を保つ仮想カード

現在，カードビジネス特に決済分野における最大の課題が非対面取引，つまりインターネットビジネスにおける決済カードの不正利用です。

インターネット上ではあらゆる取引がデジタル化されますが，なかでも決済が最も重要です。

決済カードの不正利用対策にはICカード化が有効であり，リアル店舗での決済では大きな効果をあげています。欧州，特に英国では，カード，加盟店，ATMなどがほぼ100%ICカード化しています。

しかし，UK Payments（日本クレジット協会に相当する組織）によると，非対面取引の不正使用被害が2006年から増加しています。

これは，フィッシングなどにより入手したカード情報の悪用によるものです。

対策として，3-D Secure（パスワードによる認証）がありますが，加盟店のシステムにアプリケーションの導入が必要であることから，すべてのネット加盟店には広がっていません。

▶仮想決済カード番号

3-D Secureが加盟店に導入するシステムであるのに対し，決済カード事業者に導入するシステムとして仮想決済番号システムがあります。

これは，国際カード番号に相当する仮想番号をサーバーに保管しておき，あらかじめ消費者が登録した実カード番号に関連付けて仮想番号を自動で発行するものです。仮想番号は，国際ブランドの基準にあった番号体系を持っていますから，加盟店もカード決済ネットワークも通常どおり通過します。

ただし，仮想番号は一回限りの利用で，有効期限は当月限り，利用限度額はその時の利用金額となっています。

したがって，万が一カード番号が漏えいしても実カード番号と異なり悪用ができません。

おそらく，最も安全性の高いネット決済方法といえるでしょう。2009年，こ

英国，非対面取引における不正利用が2006年から増加

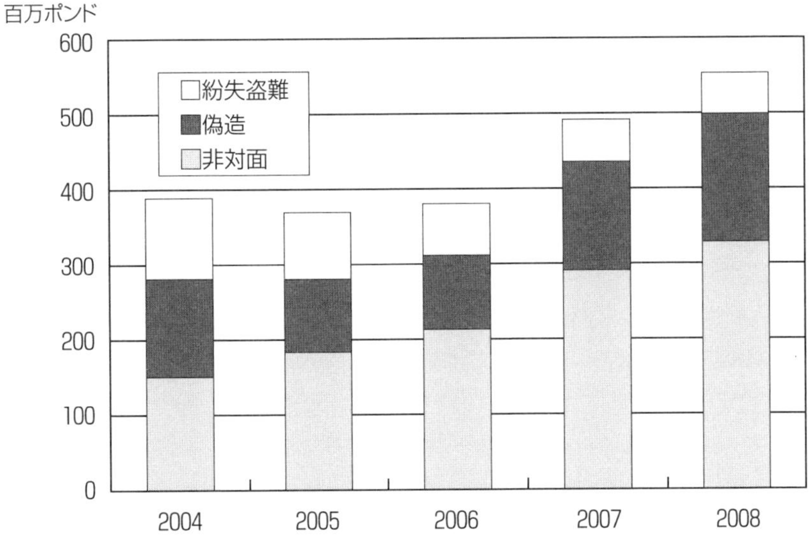

出典：The UK Payments websiteデータから作成

仮想カード番号による安全な非対面決済

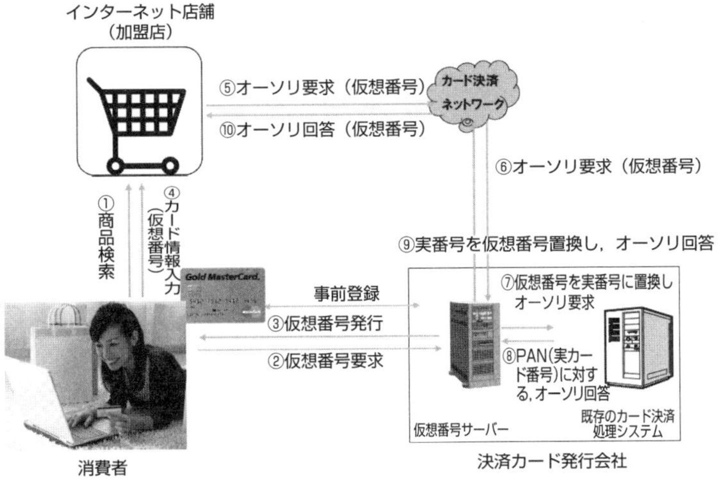

のシステムを開発した企業をMasterCardが買収したので，今後は普及が促進されるでしょう。

A モバイル（携帯電話）とカードビジネス

現在，そしてこれからもカードと決済に大きな影響を与えるのが，モバイル，特にスマートフォンでしょう。それは，携帯電話が従来のプラスチックカード媒体と比較して，リスクとコストで多くの利点を持っているからです。

たとえば，紛失・盗難時に悪用を防止するためのカード回収が不要になります。具体的には，紛失・盗難時には基地局から通信により端末を無効化することができるからです。

そして，アップデート機能があります。プラスチックカードは機能を向上させるために有効期限による交換が必要ですが，携帯電話は内臓アプリを最新の状態に書き換えることで機能が向上します。

さらに，複合機能としてクレジット，デビット，プリペイド，ポイントなど，複数のアプリケーションを１台の端末に搭載することができます。

もちろん，残高や利用状況の確認が画面上に表示されたり，文字が入力できるほかにもGPS（Global Positioning System＝全地球測位システム）による位置情報なども決済に使用できます。

そして，最も重要な機能は非接触ICによる通信機能を持つことです。これにより，従来の磁気テープやICチップと同様，決済ネットワークにアクセスできるようになり，高度な認証機能を実現しました。

また，プラスチックカードは有効期限ごとに新カードを作成送付するコストが発行者側負担でしたが，モバイルは消費者側の負担となることもカード事業者にとって魅力です。

モバイルは，カードを発行するイシュア，カードを受け入れる加盟店とアクアイアラー，そして決済ネットワークというカードビジネス全体に関わっています。

モバイルとカードビジネス

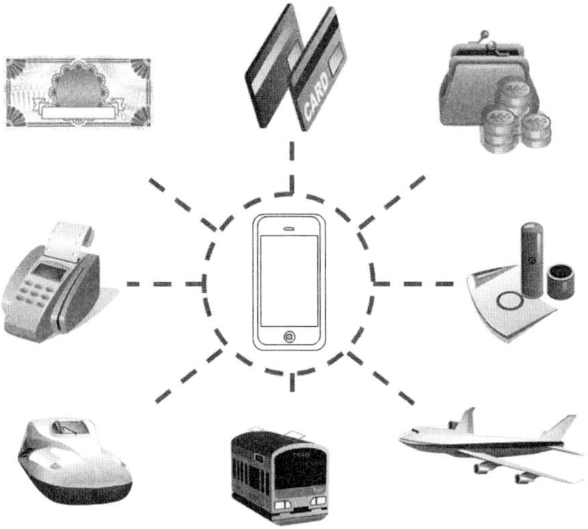

① イシュア（カード発行者）とモバイル

プラスチックカードの代わりに，「消費者」が携帯電話を決済媒体として使用する「おサイフケータイ」もこの一種です。非接触ICや画面上のバーコードに決済番号を表示します。

② アクアイアラー（加盟店契約者）とモバイル

カード決済端末としてスマートフォンを利用します。磁気カードやICカードなどを読み取る「カードリーダー」をスマートフォンに接続します。

③ 加盟店とモバイル

航空券，乗車券や入場券などのチケット類を加盟店でカードで決済し，乗車券やギフトカードなどの情報を画面上にバーコードで表示したり非接触ICで認証します。

B イシュア（カード発行者）とモバイル

決済の歴史は，利便性と快適性，そして安全性の進化です。モバイルに非接触ICによる通信機能や画面表示機能を搭載することで新たな決済媒体となりました。

カードビジネスは，エンボスから磁気ストライプ，そして接触ICと，その媒体が進化してきました。その過程で，IrDA（Infrared Data Association）赤外線通信やバーコードなどが決済手段として試行されてきたのですが，安全性や利便性に課題があり，本格的な普及には至りませんでした。

しかし，技術の進歩や電波法の改正などにより，RFID（Radio Frequency IDentification「電波による個体識別」の略）技術により，ID情報を埋め込んだICチップ（RFタグ）から，電磁界や電波などを用いた近距離（周波数帯によって数cm～数m）の無線通信によって情報をやりとりする手段が進化を遂げ，携帯電話に搭載されるようになりました。

その端緒となったのが，エヌ・ティ・ティ・ドコモ（以下ドコモ）が開発した「おサイフケータイ」です。携帯電話に埋め込まれたFeliCaというICチップを使った非接触サービスとその機器類でシステムが構成されます。

名前は「財布」ですが，「おサイフケータイ」が提供するサービスは，クレジットやデビット，そして電子マネーなどの決済だけではなく，乗車券，ポイントカード，クーポン，航空券，部屋の鍵，そして契約ツールなど多岐にわたります。

言い換えれば「認証」「契約」「課金」を１つにしたツールといえるでしょう。

カード発行者であるイシュアーにとって，高い安全性と多用途，そして快適性を提供できるモバイル決済が拡大しています。

▶非接触IC

Felica基盤と同様の非接触IC国際規格としてISO14443 TipeA/B基盤がありますが，両者の上位規格がNFC（Near Field Communication＝近距離無線

イシュア（カード発行者）とモバイル

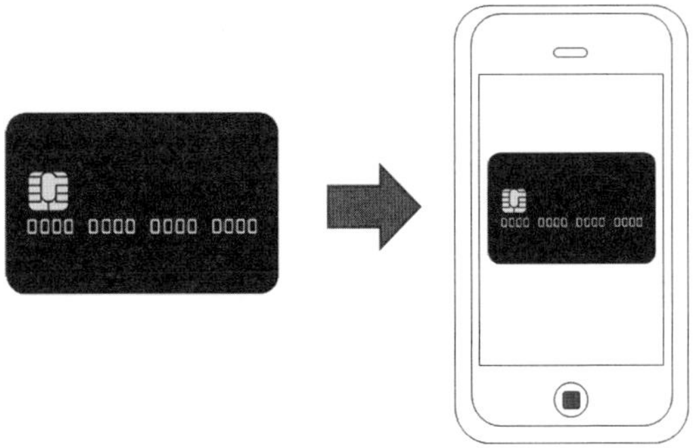

通信）規格です。

わが国で展開しているFelica基盤とISO14443 TipeA/B基盤のカードビジネス上の特徴は，クレジットカードなどの16桁の番号（BIN）を内蔵しているかどうかです。Felicaは16桁の番号を内蔵していませんが，TipeA/B基盤はBINを内蔵しています。

これによって，TipeA/B基盤は従来の決済ネットワークインフラをそのまま利用することが可能です。一方，BINを内蔵できないFeLicaは専用のインフラを使って一旦サーバー上でFelicaのIDをBINに変換する必要があります。

一方，Felicaは通信速度が速いという特徴があり，これは短時間に多くの通勤客が通過する自動改札に適しています。

いずれにしても非接触ICには交信するためのアンテナ，つまりリーダーライターが必要です。比較的新しい技術であるためにリーダーライターの普及が必要です。

▶画面表示

一方，携帯電話の画面に１回限りのワンタイム決済番号を表示し，その番号をパソコンで入力するしくみも登場しています。

C アクアイアラー（加盟店契約者）とスマートフォンカード端末

カードビジネスにモバイルがもたらした最も大きな変化は，モバイルをカード決済端末として使用する道が開かれたことです。

従来，カード加盟店になるためには，煩雑な手続きと厳格な審査が必要であり，認可されるまで数週間以上必要でした。そして，カードのリーダーライターの設置が必要であり，その設置費用が高額のため高いハードルとなっていました。さらに，月額の利用料が必要であり，決済された代金の回収までにも時間がかかり，加盟店のキャッシュフローに大きな影響を与えていました。

しかし，世界ではスマートフォンを加盟店の決済用カードリーダーとして使用するスキームがでてきました。

▶四角い磁気ヘッド

まず，Squareは，ツイッター（Twitter）の創業者が新規事業として開始したサービスです。いわゆる，非クレジットカード業界からの参入組らしく大胆な構想を持っているのが特徴です。

それは，ごく小型（2cm×2cm×1cm以下）の磁気ヘッドをiPhoneやiPad上のイヤホン／マイクジャックに差し込んでカードリーダーとして使用するものです。この磁気ヘッドは無料で配布されます。通信と決済に必要なアプリケーションは，ダウンロードして使用します。

つまり，低価格の磁気ヘッドとアプリケーション，そしてiPhone等を組み合わせ，回線上のアクアイアラーへ送信しカード決済を完了するスキームです。

最大の特徴は，米国ではアクアイアラーへの加盟契約を必要としない点でしょう。彼らがこのスキームで解決する課題の1つが，決済のカード加盟店加入に関する煩わしさからの解放だからです。ただし，決済できる金額には当初上限があります。その操作は，受取側（加盟店）のアプリケーションを起動し，金額を入力，カードを磁気ヘッドに通します。サインは画面に直接「指」で行います。

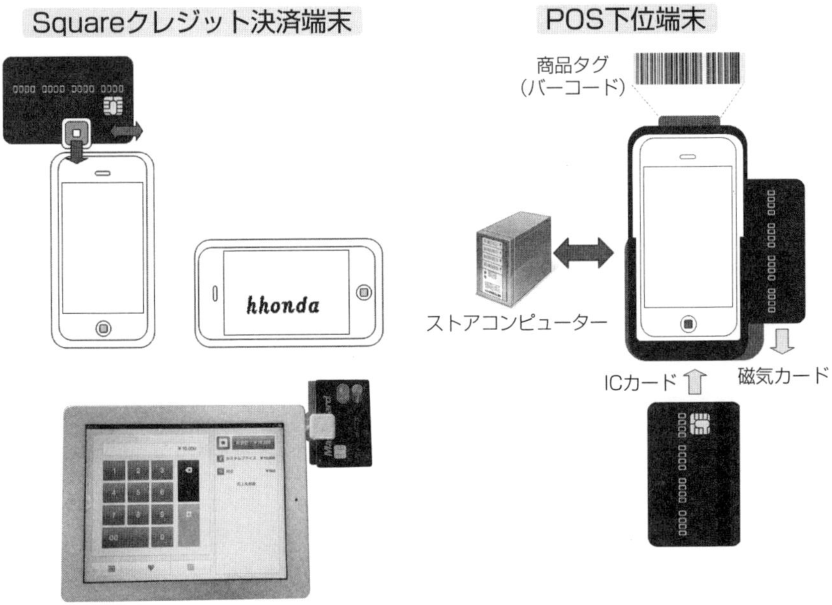

E-mailアドレスを入力した会員には，利用明細が着信します。利用明細には金額や加盟店情報など，通常の内容に加え，加盟店の地図が表示されます。このSquareの投入したビジネスモデルは，わずか３年で100億ドルの取扱高を達成しました。

Squareと同様に，iPhone向けアクセサリを取り扱う米Mophieや，ネット決済大手のペイパル（PayPal），会計ソフトウェア大手のインテュイット（Intuit）などが続々とこのビジネスモデルに参入しました。

一方，接触型ICカードが標準のヨーロッパからは，アイルランドのサムアップ（SumUp），ブルガリアのDATECS社が参入しています。

▶老舗VeriFoneは企業向けで参入

Squareなどが中小小売店や個人事業者を対象としているのに対し，POSやペイメント端末大手のVeriFoneは，従来の大手加盟店に導入されているPOSの下位端末として，PAYware Mobile Enterpriseを投入しています。

この下位端末にはバーコードリーダーが付いており，無線でストアコンピューターに接続され，バーコードから価格などの商品情報を読み込みます。

D 加盟店とモバイル（スマートフォン）が実現するO2O

イシュア，アクアイアラーと同様に，加盟店にとってもスマートフォンはセールスプロモーションと決済に大きな役割を果たします。

特にO2O「Online to Offline」など，オンライン情報を活用してリアル店舗へ消費者を誘引する手段として活用されます。

▶セールスプロモーション

スマートフォンはGPS機能を搭載しています。GPSにより加盟店と消費者の位置関係が判明することから効果的な広告告知が可能になります。

従来のカードを用いたセールスプロモーションは，B2C（企業から消費者）における1to1，つまり「貴方だけに」という広告告知が可能でした。なぜなら，カードから得られる消費者の個人情報を解析して，消費者個々人に最適の情報を発信することができたからです。そして，販売促進の手段としてポイントやクーポンを提供します。しかし，その対象となる消費者を選別しすぎると対象が少なくなり大きな効果は見込めません。一方，対象を拡大するとポイントやクーポンに必要となる広告コストが無駄になります。

スマートフォンのGPS機能を利用すれば，店舗の半径数キロ圏内に居る消費者だけに告知することが可能になります。つまり，対象顧客数が事前に判明することから，クーポンやポイントの付与率をあげることが可能になり，広告効率が向上します。また，クーポンには地図情報を掲載することが可能になり，店舗への誘引効果が高まります。そして，店舗では商品を購入し，ポイントやクーポンを適用しカード決済を行います。

▶事前登録と決済

インターネット上の広告は，インターネットのサイト上に自社の広告をバナーなどでリンクを貼り，自社のサイトで商品を購入します。この一連の流れのなかで広告料金が発生します。具体的には

① リンクやバナーを設置する際の登録掲載料金

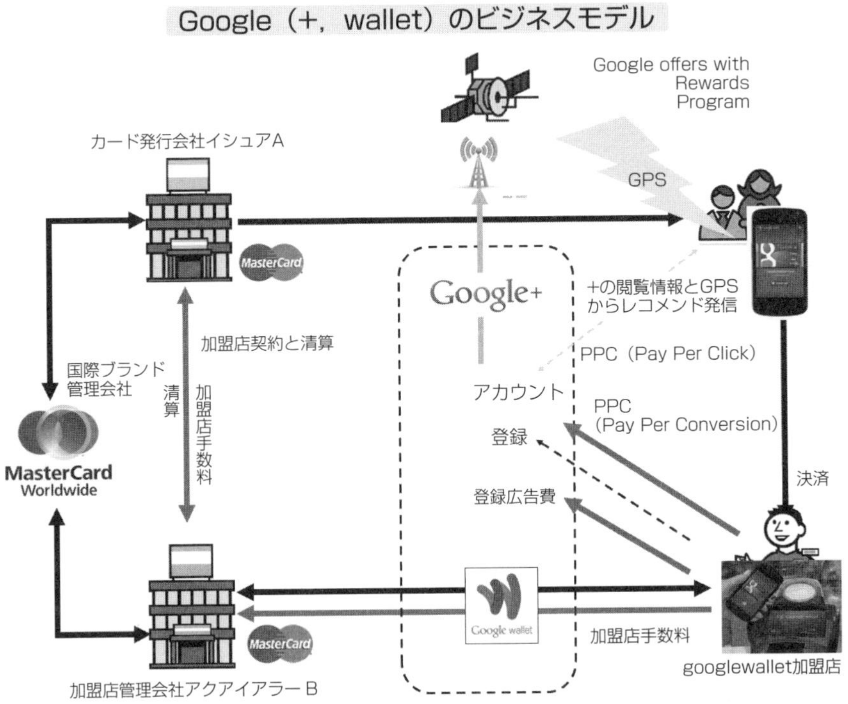

② クリックするごとに発生するPPC（Pay Per Click）

③ 商品を購入する際に発生するPPC（Pay Per Conversion）

の3つがありますが，この流れをスマートフォンとSNSによるO2Oに当てはめると，Google＋とGooglewalletのビジネスモデルになります。

① Googlewalletの加盟店は登録掲載料金を支払います。

② 消費者が加盟店の店舗に近づいたり，あるいはGoogleの検索結果やGmailでのやりとりを解析した結果をGoogle offers with Rewards Programとして消費者に通知します（Pay Per Click）。

③ 消費者は加盟店で購入し，支払いを完了します（Pay Per Conversion）。

E カードSyncマーケティング

カードと製造業と加盟店をシンク（Sync＝組み合わせる）し，カードを加盟店で使うと自動的に特典を受けられるというセールスプロモーションが「カードSyncマーケティング」です。最大の特徴は，特典の原資が製造業と加盟店の販売促進費であることです。従来カードの特典は利用額に対するポイントの付与ですが，これは利用額の0.数%というものでした。しかし，カードSyncマーケティングでは数十%にも及びます。

▶SKU（単品）レベルのセールスプロモーション

SKUとはStock Keeping Unitの略で，商品登録の際の単品のことです。これは，サイズやカラーなども含めた単品情報を管理することです。

カードビジネスはマーケティングに活用されることが多く，カードから得られる個人の属性情報と，購買情報から得られる単品情報を組み合わせます。従来，カード会社はカードが使われると特典を提供していました。また，加盟店もカードが自店で使われると特典を提供していました。

しかし，カードSyncマーケティングでは，カードと商品と加盟店をSync＝組み合わせ，特典を提供できるようになります。つまり，加盟店単位から商品SKU単位に特典を細分化できることになります。

SKUレベルの特典が可能になれば，加盟店は自社の販売促進費に加え製造元に販促費を負担してもらうことができるのです。

これは，消費者から見たときに大きな特典につながります。

▶製造業のマーケティングコスト

製造業と加盟店はマーケティング情報を把握するのにかなりのコストを費やしています。具体的には，製造業はクーポンを発行し，加盟店はポイントを付与しているのです。製造業も加盟店も，自家用車販売でもない限り，消費者との間に直接のパイプがなく，自社の開発した製品や販売した商品が，どの顧客層に評価されているのかを知ることは困難です。

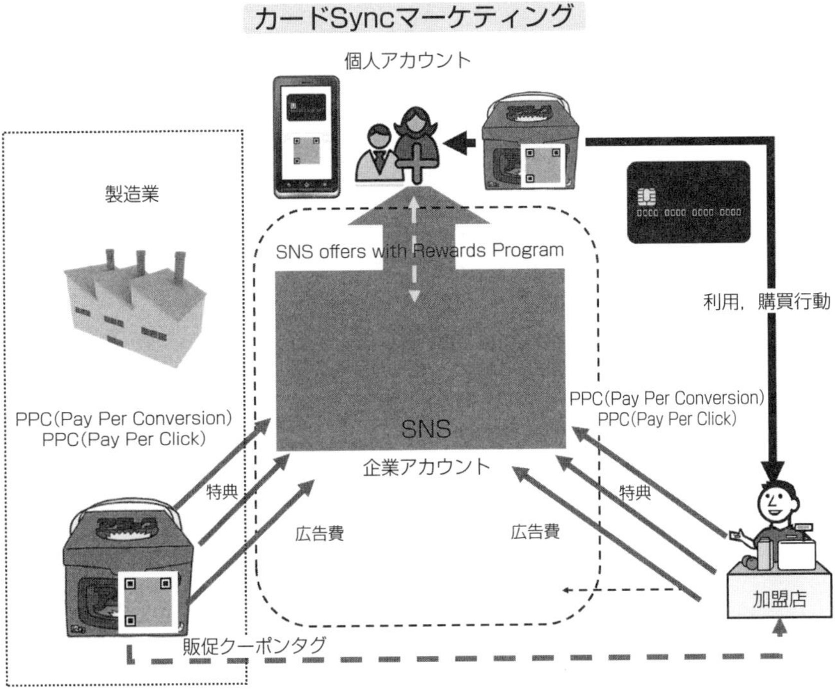

したがって，製造業や加盟店が販売された商品をSKU単位で捉え，カード決済で得られるカードSyncマーケティングは有効なのです。

これには，SNSとスマートフォンを組み合わせ，製造業と加盟店の企業アカウントとカード会員の個人アカウントを組み合わせることで実現します。

具体的には，カード会員が加盟店の店舗に近づいたり，あるいはSNSの検索結果やSNSでのやりとりを解析した結果をSNS Offers with Rewards Programとしてカード会員に通知します（Pay Per Click）。そしてカード会員は加盟店で支払いを完了し（Pay Per Conversion），特典を受け取り（決済時精算）ます。

F 加盟店とモバイル（スマートフォン）が実現する電子チケット

オンライン加盟店の販売する商品が，音楽やビデオ，電子書籍などのデジタルコンテンツの場合にも，クレジットカードやデビットカードの情報を用いて代金を決済できます。

さらに，入場券などのチケット類や航空券乗車券など，バーコードで入場処理をする場合には，バーコードの画像情報をスマートフォンに転送すれば，チケットの印刷や封入封緘，そして送付など煩雑な関連業務とコストを省略することができます。

この発行されたバーコードなどのデータをスマートフォンに格納し，管理するのがApple iOSに搭載された「Passbook」アプリケーションです。

世界で最大規模のクレジットカードやデビットカードなどの決済番号を所持するのがAppleのiTunesやAmazonでしょう。特に，バーコードを表示する媒体であるiPhoneやiPadを持つAppleの優位性は高く，さらにNFCを使うモバイルペイメント用のアプリケーション，「Transactions」の特許を取得しています。この技術を使えば，iPhoneを通じた独自のモバイルペイメントシステムを構築して，自らイシュア，アクアイアラーとなり，リアル店舗のモバイル決済手数料ビジネスに参入することも可能です。

ネット決済ビジネスではApple社のiTunesストアにはクレジットカードに連携された口座が全世界ですでに約１億以上あるといわれています。また「iTravel」というNFCベースのアプリケーションの特許を使えば，将来iPhoneが，航空券の購入，飛行機のチェックイン，レンタカーの借り出し，ホテルの予約などといった旅行管理の端末として利用できるようになります。もちろん予約ベースではパソコンやタブレット上のiTunesストアを使うことになるでしょう。

現在「Passbook」はバーコードを内蔵し，画面に表示させるだけですが，iPhoneがNFCを搭載すれば，クレジットカード情報を内蔵しNFCで決済する

iOSの「Passbook」アプリケーション

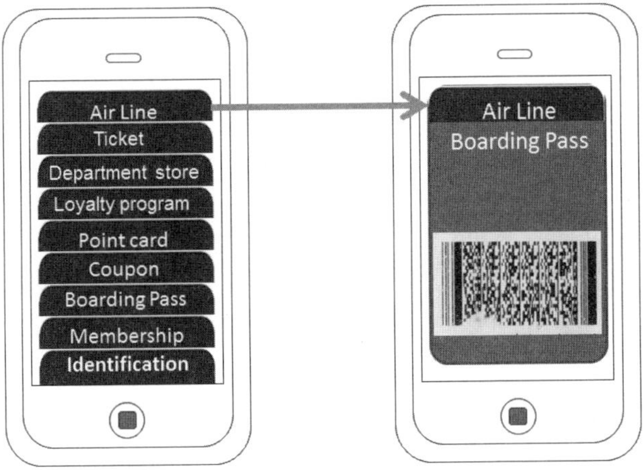

ことが可能になります。

NFCに対応するリーダーの設置が100万台以下なのに対し，カード加盟店は3,000万店あります。つまり，NFCリーダーとNFCを内蔵したスマートフォンやカード媒体が普及するまでは，NFCの用途は鉄道インフラなどに限られるでしょう。したがってスマートフォンとしては，普及しているバーコードを生成するほうが用途が広いのですが，NFCも将来は徐々に拡大するでしょう。

G スマートフォン端末のセキュリティ

スマートフォンがカード情報を内蔵したり，加盟店端末としてPIN（暗証番号）を入力したり，各種のチケットや情報を処理するためのアプリケーションを内蔵することは，紛失，盗難，不正アプリによる内蔵情報の漏えいにつながります。

現在でも不正アプリをダウンロードし起動することにより，内蔵された個人情報を悪意の第三者に自動送信する問題が指摘されています。

▶シンクライアント

コンピューターの世界では，端末からの情報漏えいを防ぐために「シンクライアント（thin client）」というしくみが採用されています。なぜなら，シンクライアントがセキュリティ強化に有効とされているからです。

一般業務で主流となっているコンピューターシステムは，クライアントサーバーシステムです。これは，ユーザーが使用するパソコンとサーバーが適宜情報を交換しあう分散型のシステムを指し，大部分の知的生産はクライアント側で行います。

それに対しシンクライアントとは，thinつまり薄い，細いといわれるように，ユーザーが使用するクライアント端末には，画面表示や入力など必要最小限の処理しかさせず，ほとんどの処理をサーバー側に集中させるシステムアーキテクチュア全体，もしくは端末自体のことを指します。

現在のカードビジネスで使用されるスマートフォンを使用するシステムは，クライアントサーバー型のファットアプリケーションといえるでしょう。ユーザーは，多機能なファットアプリケーションをスマートフォン（クライアント）側にダウンロードし，決済に必要なデータもスマートフォン側に保持しています。

しかし，スマートフォン決済の普及に伴って，決済情報漏えいインシデントが増加することが予測されます。なぜなら，大量の決済カード情報やバーコー

カード端末のシンクライアントが進む

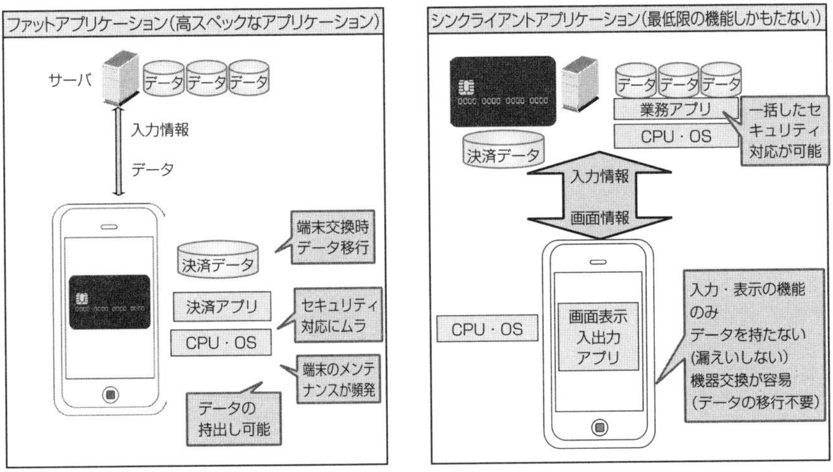

ド化された有価証券情報を保有するスマートフォンが増加することにより，セキュリティ対策が困難を極めるからです。

決済情報が，多くの消費者や加盟店のスマートフォンに分散して保有されている以上，どれだけ対策を講じても，スマートフォンに起因する情報漏えいと不正使用発生の危険度は高く，悪意の第三者による攻撃やスマートフォンによるデータ漏えいリスクはこれからも避けられないでしょう。

しかし，スマートフォンによる決済は，移動する場面で使用されることは少なく，固定した環境で処理されることが多いことが特徴です。したがって，高いセキュリティが必要なスマートフォン決済業務には，シンクライアントが適しています。スマートフォンの決済に必要なアプリケーションやカードリーダーなどの周辺機器は，必要最低限の機能や情報しか持たないシンクライアント化が進むでしょう。

H カード登録が実現する「顔パス」決済

iTunesやAmazon，Google，Squareをはじめとする大手事業者や，Visa Inc，MasterCard Worldwideも，自社のデータベースにクレジットカードやデビットカードなどの決済カード登録を進めています。複数のカード情報の登録による新しいサービスとしては，おサイフケータイなどのウォレット・サービスがその代表例です。

スマートフォンを使うウォレット・サービスには，iTunesなどのように，加盟店発行の電子クーポンやギフトカード，乗車券・入場券などのチケットも含まれます。

もちろん，決済カード情報の登録とその情報管理には最新の注意が求められますが，それにもかかわらず決済カード情報を自社のデータベースに登録する理由は，オンラインショッピング時に，その都度カード情報を入力するよりも消費者の利便性が格段に向上するからです。

しかも，決済カード情報の登録は，リアル店舗でのウォレット・サービスなど新しいO2Oビジネスモデルを産み出すことにもつながります。

たとえば，Squareでは顔写真を決済カード情報と組み合わせて登録することで「顔パス」決済を実現しています。

具体的には，

- 消費者はウォレット・サービスに登録した決済カード情報に自分の顔写真を登録します。
- チェックインサービスで買い物に行く加盟店に，スマートフォンでチェックインします。
- 加盟店には，チェックインサービスから顧客名と顔写真，そして決済カード情報が登録済みであることが通知されます。
- 消費者はレジで氏名を告げてチェックインサービスを利用することを加盟店の係員に伝えます。

顔写真決済があればカードは不要になるかもしれない

- 係員はリストから顔写真を確認して決済完了処理を行います。
- 加盟店から送られる売上データに決済番号が添付され処理されます。

セールスプロモーションとして，各種のクーポンやギフトプログラムが適用される場合には，プライスダウンやギフトの適用があります。

顔写真登録の動きは，予約が必要な旅行予約サイトでも広がっています。

コラム

指紋認証がスマートフォンのセキュリティを向上させる

スマートフォンの拡大に伴い，各種部品の小型化が進みます。代表的な部品として，NFCを実現するためのアンテナとともに「指紋認証」センサーがあります。

AppleのiPhoneにNFCの搭載が遅れたのは，NFCの部品の大きさが障害だったと思われますが，2012年７月，Appleは指紋認証デバイスのAuthenTec社との買収に合意したとの報道が流れました。指紋認証を備えたスマートフォンとしてはMotorola社の「Atrix 4G」があり，本体裏面の上部にセンサーを備えています。Appleの特許は液晶画面に組み入れて，本体のアンロック技術と電子決済セキュリティとの連携になっています。

●非接触IC決済NFCの普及

現在NFC決済の普及は芳しいとはいえず，決済用ターミナルの購入に二の足を踏む加盟店と，使える加盟店が増えるまでモバイル決済用アプリは不要とする消費者との間で，「ニワトリが先か，タマゴが先か」といった膠着状態がみられます。

これは，モバイル決済普及の起爆剤となるであろうiPhoneのNFC対応が遅れたこともありますが，消費者がNFC決済のセキュリティに懸念をもっていることも原因とみられます。特に複数の決済カードを搭載した場合，紛失や盗難のリスクが大きいことがアプリケーション導入や認証手順の複雑さを招いています。

しかし，スマートフォンに指紋認証が採用されればセキュリティと操作性は大幅に改善されることになり，普及への障害はなくなります。

あわせて，決済アプリケーション認証時の指紋登録先を，スマートフォン本体ではなくサーバー上に移す「シンクライアント」化によりセキュリティが高まります。

その場合には，複数の指紋を登録し，曜日や日付ごとに認証する指を変更するなどの方法も有効です。

付 録

ポイントプログラム20の事例と課題

ポイントに関連した販売促進企画はセールスプロモーション施策として多くの手法が実施されています。
ここでは，そのなかでも代表的なものを20種，コピー表現例とコンセプト，メリット，課題を紹介します。

	処分特価のセール先取り ―年×回30%～50%OFFセール― 会員様だけを一足お先にご招待	会員限定［休業日開放］パーティ ―会員様だけに休業日を開放 会員カードが招待状です
方式の概要	●毎年２回開催される，処分セール価格を数日前に受付 ●一般顧客に先がけて，「お取り置き」をしておく ●あわせて，広告媒体で訴求し，会員区別化を鮮明にする。優良な会員にはメールやDMで先行告知を行う	●定休日に会員だけを招待して行うクローズド催事 ●メールやハガキDMで告知して，謝恩サービスパーティ ●一般顧客はシャットアウトして行うが，即時発券で当日入会を可とすれば，新規会員の拡大にも効果的 ●また，終業時刻後に催す時間延長「ナイトイベント」も効果が高い
メリット	●割引率の大きい商品の優先提供 ●マークダウン済商品なので，経営計画内での処分となり，経費の発生は少ない ●割引率が高いため，訴求力が高い ●定期的な開催による，継続実施企画となる ●最もわかりやすい「割引催事」	●カード呈示の会員制企画 ●コンセプトが明確なためメールやハガキDMでも効果が高い ●新規会員拡大の効果が高い ●会員限定で行うクローズド催事ならではの特別催事の設定が可能

会員限定通信販売
—店頭配布型の機関誌と会員限定情報を組み合わせる

↓

- 会員特典や催事案内など会員向け情報を掲載した機関誌を発行し，店頭で配布する
- 会員ログインとホームページ掲示やクレジットカードの請求書へ同封し，郵送する
- 内容
  - ◆会員限定商品
  - ◆提携割引施設
  - ◆モニター商品の紹介
  - ◆店舗紹介
  - ◆会員限定サービスの紹介
  - ◆通信販売
  - ◆店舗会員催事の紹介
  - ◆抽選○○プレゼント

↓

- 定期的な情報ツール
- カード請求案内メールに告知
- 提携施設募集のツール

近隣異業種店舗との連携
—○○提携，当店でのカードがこのお店で割引できます

↓

- 競合しないエリア業種の全国提携
- 物販店・ホテルなどの施設提携を行う，機関誌があればより有効な提携条件が期待できる
- 提携施設からの協力により，さまざまなオファーの提供が期待できる
- 提携店舗での売り出し催事に協賛企画が打てる

↓

- カードの汎用性が広がり所持率が向上する
- 提携先の提供する特典がカードの特典となる
- 各店独自にカードのメリット付けができる
- カード，企業規模からみて大口の提携が期待できる
- カードを媒介としたニュービジネスの可能性が生まれる

	ポイント（5）倍セール 20××年通年企画	売上以外のポイントアップ
方式の概要	●特定の催事について，通常より多いポイントを与える ●また，特定サービスの導入に際しても，商品を限定して付与新サービスの認知率を上げる方法もある ●一般に５倍程度（５％値引き相当）まで引き上げられる	●現行の売上金額ポイントに加え，さまざまなポイントアップ制度を実施 ●利用回数ポイント 一回の利用ごとにポイントを加算する。小口の利用に対するインセンティブをつけて，来店頻度向上を狙う ●来店ポイント 来店ごとにポイントを加算。来店頻度を上げる。催事開催日には従来の来店粗品に代わり，来店ポイントを付与 ●紹介ポイント 顧客による売上・新会員紹介に対してポイントを付与
メリット	●広告媒体の訴求効果が高い ●通常の催事に比べて，大きな動員効果 ●催事期間の延長など，さまざまな応用が可能な企画	●来店動機の提供 ●ポイント付与機会の増加による，来店率の向上 ●物販や小口利用に際しても，自店舗へ固定化 ●顧客間の紹介による，顧客の拡大

バースディ（顧客・店舗）企画	会員優待（招待）ツアー
↓	↓
●顧客バースディ企画 ◆顧客の誕生月にポイント付与率を上げるか，割引を行う ◆訴求にはメールやハガキDMで行う ◆誕生月の証明はカードへの刻印やDMを使う ●店舗バースディ企画 ◆既存店周年記念にポイント付与率を上げるか，交換率の増加を行う ◆訴求はメールやハガキDMで行う	●従来から，商店街等のスタンプ方式の懸賞企画として実施されている方法 ●獲得したポイントに応じて，日帰りの旅行に招待（優待）される ●一般顧客には，実費で販売される旅行商品を使用する
↓	↓
●確実な，カード稼働率向上の企画となる ●催事開催期間が分散するため，企画立案のためのコストがかからない	●獲得ポイントに応じ，顧客の負担を少なくすることにより，謝恩的要素が強まる ●広告媒体に掲載することで，カードのイメージアップにつながる ●特にヘビーユーザーの固定化に役立つ

	会員推奨商品の選定（物販）	ポイント交換景品の変化
方式の概要	●会員推奨商品（月替わり） 月ごとに全社で強化する内容について，会員特典（ポイント倍額など）を用意し，チラシ等の広告媒体や会員特選品などPOPで訴求する ●会員専用商品 会員カードを呈示することにより購入できる商品 台数限定の超お買い得品 即時発券制度と組み合わせて会員の拡大に有効	●催事の際，従来の来店粗品にポイントシステムを関連付ける ＊商品券から景品へ 1．景品を身近なものにする（例：クオカード・バス回数券） 2．累積ポイントに応じた景品 3．景品交換値のレート（交換率を○倍にする） たとえば，通常500点で500円の商品券／催事250点で500円の商品券など
メリット	●広告媒体への定期的展開でカードメリットの認知度向上 ●会員と非会員に感じるカードメリット ●商品とカードとの関係がクリアになる「貴方だけ」販促 ●既存媒体の活用でローコスト告知が可能 ●台数限定商品を上顧客に優先的に渡せる	●商品券よりも景品の方が媒体訴求力が高く，有利感が演出できる ●景品交換レートを，催事の時だけ上げることにより，催事の顧客動員効果が上がる ●ポイント付与の（5）倍セールと組み合わせて，相乗効果を狙う

ポイントランクアップ販促

- 入会時に一定額のポイントを予め付与してカードを発行する（会員制の導入時に有効）
- 400点到達段階で500点（満額）として通用させる
- 年末催事等で実施される，抽選会の抽選券としてポイントを利用できる
- チラシにポイント交換券を印刷し，来店時にポイントアップさせる

↓

- 休暇会員の掘り起こし策として有効
- カード携帯率の向上策として有効

会員番号抽選会

- 会員番号により抽選発表で来店を促進する

・発表方法　新聞チラシ・店頭
　1．チラシ掲載
　　番号の下２桁等，当選者が多数出る仕掛けで来店促進。
　　賞品は小物，ポイント付与
　2．店頭発表
　　各店数名の当選
　　賞品は（数千円～）

↓

- 来店促進効果
- 広告媒体への定期的展開でカードメリットの認知度向上
- 広告媒体へチラシの注目度向上
- 会員と非会員共に感じるカードメリットで加入促進効果
- 既存媒体の活用でローコスト告知が可能
- カード会員の規模が必要

	交換ポイント対象商品	年間買い上げによるポイントアップ
方式の概要	●ポイントの行使を商品で行う 1．500ポイントからの設定仕掛けで来店促進 2．最高2万ポイント等 3．パンフレット・チラシ等による告知	●年間買い上げ金額によりポイントを再計算 【例】 1．5万円以上2％ 2．7万円以上3％ 3．10万円以上4％ 4．20万円以上5％
メリット	●楽しさの演出による入会促進 ●具体的メリットをビジュアル表現しやすい ●比較的少額でも，ポイント換算できる ●主婦層への訴求効果	●追加利用促進 ●新規施設利用促進 ●年間販促への組み入れによる，未稼働会員活性化 ●DMへの展開による，販売促進
課題	●ポイント加算機などの設置 ●プロモーションツールの整備が必要	●プログラム開発が必要 ●ツールの整備が必要

宝くじ

- 年末・フレッシュマンなど，繁忙期購入顧客のカードのメッセージ欄に抽選番号を印字
- 端境期に抽選結果に応じてプレゼント
- プレゼント内容に商品・ポイント加算など

↓

- 広告媒体への掲載による，来店促進効果
- 広告媒体への掲載による，媒体効率向上
- カードの携帯率向上
- 主婦層への訴求効果

↓

- ポイント加算機などの設置
- ツールの整備が必要

ゴールドメンバーズカード

- 年間一定金額以上の購入者をゴールドメンバーとする
- 別カード制作もしくはリライト対応
- 発行後１年間はポイント高率
- もしくは発行後１年間は常に100ポイントアップなど
- 年会費制度の導入（購入時ポイント相殺）
- 翌年度規定以下の購入時，有効期限の延長は行わない

↓

- 上顧客への謝恩
- 上顧客への継続利用促進

↓

- 粗利益
- システム開発

	ポイント抽選イベント（残ポイント消化策）	商品（物販）・サービス別プラスポイント
方式の概要	●ポイント未使用残の拡大防止策毎年定例的な催事とする 例1．旅行催事招待に一口100ポイントで応募 例2．商品を指定し一口100ポイントで応募	●一定のテーマ別のサービス群に対してプラスポイントを設定 ●＋100ポイント・×2倍ポイントなどを発行 ●マス媒体での訴求による，差別化
メリット	●カード会員への継続催事 ●広告媒体への掲載による，施設イメージ向上 ●カードの携帯率向上 ●春夏，秋冬の立ち上がり時，来店促進	●処分商品の設定（物販） ●企画の訴求強化
課題	●メンテナンスコストの問題 ●プログラム開発	●一部返品等に処理 ●ツール（商品タグ）の整理が必要

小物サービス

●商品お買上カード会員に小物サービス
　1．サンプルセット
　2．ポスター
　3．その他

●広告媒体への掲載はせず，口コミ
●カード拡大時の特典訴求
●カード携帯率向上
●他社差別化

●コストの問題
●プログラム開発

来店ポイント

●来店しただけでポイント付与
　1．１回の来店で10ポイント程度加算
　2．ラリーとして10ポイント程度加算
　3．チラシにポイント加算券印刷

●特定施設利用顧客の把握
●広告媒体への掲載による，来店促進効果
●カードの携帯率向上
●主婦層への訴求効果

●ポイント加算機など設置が必要
●ツールの整備が必要

※注釈

26頁～38頁　経済産業省資料から引用。

38頁　1　JNSA（日本情報セキュリティ協議会）「情報セキュリティインシデントに関する調査報告書」（2006年および2011年）

38頁　2　JNSA（日本情報セキュリティ協議会）「情報セキュリティインシデントに関する調査報告書」（2006年および2011年）

50頁　3　社団法人日本クレジット協会「日本の消費者信用統計」（平成22年版）

50頁　4　金融庁監督局総務課金融会社室「貸金業者数の推移等」（2013年12月末）

52頁　5　旧約聖書　出エジプト記，レビ記，申命記，詩篇，箴言，エゼキエル書，新約聖書マタイ，ルカ

56頁　6　金融庁「資金決済に関する制度整備について―イノベーションの促進と利用者保護―」（平成21年１月14日）http://www.fsa.go.jp/singi/singi_kinyu/tosin/20090114-1/01.pdf

56頁　7　最高裁判所第三小法廷判決（平成13年３月12日 判例集55巻２号97頁）

64頁　8　出典：UK Payments

68頁　9　社団法人日本クレジット産業協会「日本の消費者信用統計」（平成25年版）

78頁　10　富士キメラ総研『カード関連ビジネスの現状と将来展望2009』（2009年）より著者算出

78頁　11　社団法人日本クレジット協会「日本の消費者信用統計」（平成25年版）

78頁　12　金融庁HP公開資料「偽造キャッシュカード問題等に対する対応状況（平成24年３月末）」

80頁　13　内閣府「国民経済計算年報」（平成23年）名目

102頁　14　富士キメラ総研『カードマーケティング要覧』（2009年版）から集計

118頁　15　総務省統計局「住民基本台帳人口移動報告　平成22年結果（統計表）―移動者数の状況―」（平成23年１月29日）

162頁　16　社団法人日本クレジット協会「日本の消費者信用統計」（平成25年版）

184頁　17　富士キメラ総研『カード関連ビジネスの現状と将来展望2009』（2009年）

おわりに

前著『図解カードビジネスのしくみ』の第１版発行は2010年７月でした。金融二法の改正も終わり，当初５年間程度は大きな変化はないものと思っておりました。

しかし，技術革新の波はすさまじく決済ネットワークやスマートフォン，そしてNFCなど大きな変化が起きるとともに，ライアビリティシフトや米国初の法制もここ数年でわが国に新たな制度変更を求めてきます。

国境を越える決済ネットワーク，そしてマーケティングとセールスプロモーションメディアであるカードとそのビジネス展開。2017年に向けて，新興企業や大手企業がカードビジネスに参入し，国際的な競争と進歩が始まります。

世界と業界の壁を越えて広がるカードビジネスからまだまだ目が離せません。

最後になりましたが本書を上梓するにあたっては，シリコンバレーにご在住の姥谷幸一氏と，在仏BNP PARIBAS銀行Madame Delphine ABAZIOUにご協力いただきました。そして，中央経済社の阪井あゆみ氏には今回も多大のご協力をいただきました。みなさんがいなければ本書が世に出ることはなかったでしょう。ここに感謝の意を付して筆を擱きます。

2013年７月

本田　元

《著者紹介》
本田　元（ほんだ　はじめ）
1951年生まれ
1974年大手流通業の顧客管理システム担当SEを経て，マーケティング部門にて通信販売部および自社クレジットカード事業の立ち上げとその運営，加盟店業務に従事。その後，大手カードサプライヤーにおいて，カードビジネスおよびカードシステム開発に従事したのち，TISにて新世代基幹システムを担当。
2012年本田元事務所を設立し，TISなどの研修や個別案件を受託。現在に至る。
30年にわたり，加盟店業務，決済カード実務，カード基幹システムと一貫してカード業界とマーケティングに関わる。

〈主な著作〉
『改正法でこう変わる！ 図解カードビジネスのしくみ』『決済の世界はこう動く！ 図解カードビジネスの戦略』『市場創造のプロモーション技法』（いずれも中央経済社刊）
月刊「消費者信用」誌（社団法人金融財政事情研究会）連載（2004年～2005年「クレジットカードの未来戦略」，2006年～2011年「カードビジネスの未来戦略」，2011年～2013年「加盟店かく戦えり！」，2013年～「決済技術者かく戦えり！」）その他多数
〈講演〉
消費者信用研究会，日本クレジット協会，CMC，セミナーインフォなど多数

TIS株式会社
ITホールディングス（一部上場）傘下のシステムインテグレーター。大手決済企業の基幹システム開発にも実績がある。

新技術で決済が変わる！
図解カードビジネスのしくみ

2013年８月20日　第１版第１刷発行
2015年３月25日　第１版第５刷発行

著者　本田　元
発行者　山本憲央
発行所　㈱中央経済社
〒101-0051　東京都千代田区神田神保町1-31-2
電話　03（3293）3371（編集部）
03（3293）3381（営業部）
http://www.chuokeizai.co.jp/
振替口座　00100-8-8432
製版／㈱プランニングセンター
印刷／三英印刷㈱
製本／㈱関川製本所

＊頁の「欠落」や「順序違い」などがありましたらお取り替えいたしますので小社営業部までご送付ください。（送料小社負担）
ISBN978-4-502-48640-1　C3034